おいしいの秘密

オルランドの
家で作れるイタリア料理

小串貴昌
Takamasa Ogushi

余計なことはしないのが
オルランド流

　オルランドの料理は、ひと目見ただけで伝わるような、わかりやすいイタリア料理ばかりです。

　なぜなら、僕のコンセプトは「何を食べてもらいたいか」「何を主役にしたいか」を明確に伝えられる料理を作ることだから。

　そのためにやるべき仕事は、素材の力、食材の持ち味を十二分に引き出すことですが、一番大切にしているのが、余計なことはしない、ということ。

　その時々、季節で、食材の味は違いますから、そのまま食べてみて十分おいしければそれを最大限に生かし、少し甘みや塩み、酸味、旨味が足りないなと思ったときは、補うための何か、を足してあげるだけ。

　とはいえ、その引き出し方や補い方というのはそれぞれあって、ちょっとしたことのようですが、すごく大事にしている秘密のポイントです。

　この本では、そんな僕なりのポイントをひとつひとつのレシピに書いています。「ていねいに切りすぎない」「チーズをふわふわにしない」「強気の火入れで表面をカリッと」「野菜は皮つきのまま」などなど、それだけでは、何それ？　と思うかもしれません。でも補足のコメントにも目を通してもらって、実際に作って、食べてもらえれば、その料理が何を目指しているのかが伝わると思います。

　また、レシピや文章に書いてはいませんが、料理には色気も大事です。たっぷりとした量感、つやのあるソース、崩した卵、オイルから漂う香気……。そんなことも感じ取りながら、作ってもらえればうれしいなと思います。

2021年12月　小串貴昌

もくじ

パスタ —110

ドルチェ —136

オルランドの素 —140

●この本のルール

- 小さじ1は5㎖、大さじ1は15㎖です。ひとつまみは、親指、人さし指、中指の3本の指先でつまんだ量、少々はごく少量を表しています。
- 加熱調理の火加減はガスコンロ使用を基準にしています。IH調理器具などの場合は、調理器具の表示を参考にしてください。
- 塩は普通の塩と、細かい粒状の塩、粗塩を使い分けています。特に表記していない塩は、普通の塩です。
- オリーブオイルはピュアオイル、エキストラバージンオイル、極上エキストラバージンオイルを使い分けています。
- こしょうはすべて黒こしょうで、特に表記していない場合は中挽きです。
- バターは特に表記していない場合は無塩です。
- 砂糖はすべてグラニュー糖を使用しています。
- 野菜は、特に表記してない場合は、皮をむいたり筋を取ったりしています。
- オーブンに入れられる鍋と書いてあるときは、鋳物ホウロウや鉄、ステンレス製のものを使ってください。
- 合わせ調味料や、保存できる料理を保存する容器は、よく洗って完全に乾かし、清潔にしてから使ってください。

ブックデザイン
渡部浩美

撮影
貝塚 隆

碓井君枝、吉澤広哉（KADOKAWA写真室）

校正
夢の本棚社

編集協力
中川節子

編集
中野さなえ（KADOKAWA）

オルランド
おいしいの秘密

僕の料理は、見た目も作り方もとてもシンプルです。
切っただけ、あえただけ、焼いただけ、など、
本当にそれで終わり？　と言われるようなものがたくさん。
ではいったい、どうしたらおいしくなるのか。
それは、自分なりにいくつかの決まりごとを設けているから。
他の人から見たら、ささいなことかもしれないけれど、
僕にとってはここが重要。
そんないくつかのポイントが、
オルランドの大事な〝おいしいの秘密〟になっています。

1 食材のモチベーションを引き出す

　料理を作る上で大事にしていることのひとつが、できるだけ旬の食材を使うこと。今はどこにでもスーパーマーケットがあるので、野菜や魚介はなんでも通年手に入ってしまいがち。けれど、僕の料理は食材が主役なので、そのモチベーションを最大限に引き出すこと（＝はしり、さかり、なごりと、旬の食材のその都度のおいしさを生かすこと）を、大切にしたいんです。
　また、食材そのものを食べてみて、そのときの味をきちんと知ることも大事です。その上で、何が足りないか、何を足せばいいかを考えればいいと思います。

2 加える順番を守る

　サラダやマリネに言えることですが、味つけの順番を決めているものがあります。どの順で材料を入れてもお腹に入れば味は同じ、なんてことはまったくなく、決められた順に味を入れるから、使う食材がぐっと生かされたり、味わいに変化がもたらされたりするんです。
　レシピに、「○○の順に」と書いてあるものはその順番で、そして仕上げに何か加える場合も、レシピに書かれている順番で行なってみてください。

3 塩とオリーブオイルを使い分ける

塩とオイルはそれぞれ３種類のものを使い分けています。

塩は普通の塩、細かい粒状の塩、粗塩の３種類。主に、最初に下味をつけたり、途中の味つけに使うのは普通の塩（僕は「伯方の塩 焼塩」を使っています）。料理の仕上げの塩は、細かい粒状の塩、粗塩はゆで汁で味を決めるパスタに使います。

オイルは３種類ともオリーブオイルで、オイル煮やマリネなどの加熱、あるいは冷蔵するものにはピュアオイル（精製したオリーブオイル）、メインで使うものにはいわゆる普通のエクストラバージンオリーブオイル（以下オリーブオイ

ル）、そして仕上げには極上エクストラバージンオリーブオイル（以下、極上オリーブオイル）を使っています。

また、白身魚の繊細な味わいを生かしたいときなどは、極上オリーブオイルだとオイルの風味が勝ってしまうので、普通のオリーブオイルにしています。

そして塩、オイルともに、仕上げに〝少々〟と書かれている場合は、いわゆる少々よりも、もっと少なくする感覚で加えてください。仕上げの塩やオイルは、主に最初に口に入った瞬間のインパクトや香りのためで、味を入れるためではないんです。

塩

普通の塩は、天日海塩ににがりを加えて作られた「伯方の塩」の焼塩（写真左）を使っています。少し旨味を足したり、仕上げにふるときは、エミリア・ロマーニャ州のチェルビアという土地で作られる「サーレ・ディ・チェルビア サルフィオーレ」という細かい粒状の塩（写真中央）を、またパスタのゆで汁だけで味を決めたいときは、同じくチェルビアの粗塩「サーレ・ディ・チェルビア 粗粒」（写真右）を使います。そのほか、パスタをゆでるときの塩は、店では岩塩を精製したものを使いますが、家庭では普通の塩（本書では「伯方の塩 焼塩」）で十分です。

オリーブオイル

高温加熱や、加熱後に冷やす料理に使うピュアオイルは、店では「イル・チプレッソ」のものを使っていますが、家庭ではなるべくクセのないマイルドなものを選んでください。多くの料理に使うオリーブオイルは、食材の香りや味わいを隠しすぎない、軽やかでフルーティな、シチリア産の「フェウドット エクストラバージン オリーブオイル」（写真右）を。そして極上オリーブオイルは、同じくシチリア産の「レティツィア DOP モンティ・イブレイ」（写真左・Ⓐ）を使っています。中でも極上オリーブオイルは、１本あると格段に料理の味わいが上がります。

4 ランダムな切り方、焼き方にする

たとえばマッシュルームサラダ（P.19）の
マッシュルームは、きちんと切り揃えずにあ
えてランダムな切り方にしています。そのほ
うが、いろんな食感や香りがして楽しいから。
また、牛フィレ バルサミコソテー（P.106）で
は、〝強気の火入れ〟と書いているように表
面をカリッとさせますが、でも内側の肉の質
感は、しっとり。こんな具合に見た目の印象
とは予想を反するように、いろんな食感を作
り出しています。

こういうさまざまなアクセントが、おいし
さのひとつになります。調味料だけでは生み
出せないおいしさもあるんです。

5 レモンは調味料と考える

この本のレシピには、すでにレモンを搾り
入れてあるものから、仕上げに添えているだ
けのものまで、ありとあらゆる場面でレモン
が出てきます。その理由は、イタリア料理に
とってレモンは〝調味料〟の存在だから。

たとえば、一口目はレモンを搾らずにその
まま食べて、二口目にレモンを搾れば、香り
や味わい、料理の印象をガラリと変えること
ができます。

塩を使うのと同じように、レモンを使いこ
なしてみてください。

特徴的な調味料と食材

Ⓐ オリオテカ オンライン　https://www.oliotecaonline.com
Ⓑ 宇佐川株式会社　https://www.setouchi-colatura.com
＊それ以外の商品は ネットショップなどで手に入ります。

酢、ビネガー

白ワインビネガーは「ポイエル・エ・サンドリ」（写真左）を、バルサミコ酢は「カプリッチョ・アンティコ」（写真右）を好んで使っています。甘酢（P.143 参照）の白ワインビネガーは「マルタンプーレ」（写真中央左）を使っています。また本書では、少し個性的な「ミエーレ・トゥン アチェート・ディ・ミエーレ」（写真中央右・Ⓐ）というはちみつビネガーを使っていますが、これはミード（はちみつから造る酒）を発酵させて造ったもの。酸味がやわらかく、甘みやコクもあるので、旨味を足したいときに加えます。

トマト缶、パッサータ

トマトソースに使うホールトマト缶は、イタリアで最も甘いといわれている「ダッテリーノトマト」を使ったものを選んでいます。ですが、収穫時期によって味わいが違うため、そのときに味わいのサポート役となる食材が、トマトを裏ごしして作られるトマトピューレのパッサータ（写真左）。こちらもダッテリーノトマトで作られた「ペッティ」Ⓐ を使っています。

コラトゥーラ

コラトゥーラは〝いしる〟や〝ナンプラー〟と同様の、魚を発酵させて作る魚醤のイタリア版。塩みの強いものが多いなか、山口県佐賀漁港で獲れた白口いわしを、水揚げされたその日のうちに塩と酒粕で漬け込み、3年間熟成させた国産の「瀬戸内コラトゥーラ」Ⓑ は、まろやかな旨味でおすすめ。魚醤独特の臭みがないので、料理に使いやすいのも特長です。

ケッパーの塩漬け

よくあるケッパーの酢漬けではなく、ケッパーの花のつぼみを塩漬けにして乳酸発酵させたもの。イタリアでは塩と同様に調味料としてよく使います。塩が強いものが多いので、表面の塩を洗い流したり、水にさらして塩抜きして使います。

塩漬けアンチョビ

イタリア料理によく使うアンチョビフィレ以外に、本書では、塩漬けアンチョビも使っています。カタクチイワシを半身（フィレ）にせず、頭を除いた一尾をそのまま塩漬け発酵したもの。使うときは身を開いて中骨や尾を除いて使います。

からすみパウダー

からすみは、ボラの卵巣を塩漬けにして熟成させ、乾燥させたもの。ブロック状のものもありますが、本書ではパウダー状のものを使っています。旨味が強く、本書ではパスタのほか、料理にかけたり、あえたりしています。

マルサラ酒

イタリアのシチリア島で造られる酒精強化ワイン。香りよく甘さもあるので、食前酒や食後酒として楽しむことも。料理に使う場合の役割は、日本でいうところの〝みりん〟に近く、つやや甘さを出し、風味をさらに上げてくれます。

冷菜

イタリア料理の醍醐味は、前菜の豊富さ。
料理をたくさん並べて、好きなものを好きなだけ食べる。
中でも冷菜には、
最初に食べたいものから、軽く食べたいもの、
ワインや食後酒に合わせて
ちょっとつまむのにいいものもあって、
その自由さを味わってほしいんです。

セロリのサラダ

レタスとアンチョビのサラダ

セロリのサラダ

ていねいに切りすぎない。

セロリは、せん切りのように切り揃えるのではなく、もっとラフに切ってほしい。
たとえば、5cmの長さで5mm四方の棒状、と書いていますが、
あまり気にしすぎず目安と思ってください。
そのほうが、口に入れたときにいろんなセロリの食感や香りがして、おいしい。
このサラダは、伝統的なローマの作り方なんです。

材料（2人分）
セロリ …… 2本（160g、1本15cm）
レモン …… 1/2個
A┌ アンチョビフィレ …… 4枚（16g）
　　│ にんにくオイル（P.143参照） …… 小さじ1
　　│ オリーブオイル …… 大さじ1
　　└ 塩 …… ひとつまみ
イタリアンパセリの葉の粗みじん切り …… 1枝分

1 レモンは半分に切る。ボウルに氷と水各適量を入れ、
レモン1切れ分を搾り、レモン氷水を作る。

2 セロリは5cm長さに切ってから5mm四方の棒状に切る。
1のボウルに入れて、セロリがキュッと曲がるくらい
まで10〜15分さらす。ざるにあけ、水けをよくきる。

3 別のボウルに**A**と、**1**の残り1切れ分のレモンを搾り
入れ、アンチョビをフォークの背で潰しながら混ぜ、
搾ったレモンも加える。

4 **3**のボウルに**2**とイタリアンパセリを加えてあえる。

レタスとアンチョビのサラダ

ドレッシングは作らない。

乳化させたドレッシングにはせず、必ずオイル、塩、ビネガーの順でかけてください。
そのほうが、素材それぞれの味をしっかり感じられます。
そしてレタスは季節や種類で味が随分違うので、
はちみつビネガーと赤ワインビネガーを使い分けるといいですよ。
水分量の多い場合ははちみつビネガーで旨味を足し、冬や高原レタスなど味が濃い場合は、
赤ワインビネガーを使って酸味を足すと味が締まっておいしいです。

材料（2人分）
レタス …… 小1玉（300g）
アンチョビフィレ …… 4枚（16g）
オリーブオイル …… 大さじ1½
細かい粒状の塩（P.7参照）…… ひとつまみ
塩……少々
はちみつビネガー（P.9）…… 大さじ1
パルミジャーノチーズ …… 15g
こしょう …… 少々

1 レタスの芯に切れ目を入れて手で割り、4〜6等分の食べやすい大きさに割く。

2 レタスの断面を上にして器に盛り、オリーブオイル、細かい粒状の塩、塩、はちみつビネガーを順にかけ、アンチョビをレタスの葉に挟むようにのせ、パルミジャーノチーズを粗くすりおろしてかける。仕上げにこしょうをふる。

ズッキーニとゴルゴンゾーラのサラダ

切り方やサイズ感を変えて変化を出す。

ズッキーニは薄さを揃え、チーズやナッツは少し大きかったり小さくしたりと、
食材ごとに切り方やサイズ感の差をつける。
そのほうが食べたときに楽しいし、香りや味わいも変化が出ていいんです。

材料（2人分）

ズッキーニ …… 1本（150g）

ゴルゴンゾーラチーズ（ドルチェ）…… 50g

ヘーゼルナッツ（または好みのナッツ）…… 20g

はちみつビネガー（P.9参照）…… 小さじ2

オリーブオイル …… 大さじ1弱

バルサミコ酢 …… 小さじ1

塩 …… 適量

こしょう …… 少々

1 ズッキーニは縦半分に切ってスライサーやピーラーで
薄くそぎ、くるくるとカールしたまま器にのせ、塩ひ
とつまみをふる。ヘーゼルナッツは手で粗くくだく。

2 ゴルゴンゾーラをティースプーンですくって**1**のズッ
キーニの上にところどころのせ、ヘーゼルナッツを散
らし、はちみつビネガー、オリーブオイル、バルサミ
コ酢を順にふりかける。仕上げに塩、こしょう各少々
をふる。

トマトのアペティトーソ

トマトの味を見て決める。

あくまでトマトをおいしく食べてもらう料理なので、
トマトの味次第で調味料の酸味と旨味のバランスをとってください。
エシャロットのマリネは薬味のようなものなので、辛さが苦手な人は一晩おいてもいいです。

材料（2人分）

ミディトマト …… 4個

エシャロットのマリネ

  紫エシャロット（または赤玉ねぎ1/2個）…… 2個

  塩 …… 少々

  砂糖 …… 少々

  赤ワインビネガー …… 小さじ1

  バルサミコ酢 …… 小さじ1弱

  オレガノ（ドライ）…… 2つまみ

  オリーブオイル …… 小さじ1 1/3

細かい粒状の塩（P.7参照）…… 少々

極上オリーブオイル …… 適量

1 エシャロットのマリネを作る。エシャロットは薄い輪切りにしてボウルに入れ、塩、砂糖をふって軽く手で揉んでなじませる。赤ワインビネガー、バルサミコ酢、オレガノを加えてさっと混ぜ、オリーブオイルを加えて混ぜる。約10分おいてなじませる。

2 トマトは4～6等分のくし切りにして、器に盛り、細かい粒状の塩をふって、**1**を汁ごとのせる。仕上げに極上オリーブオイルをたっぷりとかける。

マッシュルームの厚さは均等にしない。

不揃いに切って、ときには少し分厚いマッシュルームに出くわすほうが、
独特のサクサクした食感も味わえるし、何よりそのほうが食べていて楽しい。
塩をあえて細かい粒状の塩にしているのは、マッシュルームに塩味を浸透させすぎないためです。

1

材料（2人分）

ブラウンマッシュルーム
　　　…… 大5個（200g）
イタリアンパセリの葉 …… 2枝分
パルミジャーノチーズ …… 30g
オリーブオイル …… 大さじ2/3
細かい粒状の塩（P.7参照）…… 適量
極上オリーブオイル …… 少々
レモン …… 1/4個
こしょう …… 少々

1　マッシュルームは石突きのかたい部分を除き、不揃いの薄切りにする（薄いものと、やや厚みのあるものが混ざるように切る）。イタリアンパセリは粗みじん切りにし、マッシュルームとともにボウルに入れる。

2　パルミジャーノチーズを薄切りにし、**1**のボウルに手でほぐしながら加える。オリーブオイルを加え、細かい粒状の塩をひとつまみふり、さっとあえて器に盛る。

3　極上オリーブオイルをかけ、細かい粒状の塩少々をふり、レモンを搾ってから添え、こしょうをふる。

マンゴーのパルミジャーノチーズがけ

チーズをふわふわにしない。

チーズは、香りをたたせる削り方と、味を出させる削り方があって、これは後者のほう。
だから削るときは、目の粗いグレーターを使って、
じゃりっとするような食感と、チーズの旨味を味わってほしい。
マンゴーの代わりに桃で同様に作っても。その際は白ワインビネガーを少々ふって酸味を足して。

材料（2人分）
マンゴー ……1個
パルミジャーノチーズ …… 適量
極上オリーブオイル …… 大さじ2
レモン …… 1/4個

作り方
マンゴーは一口大に切って器に盛る。パルミジャーノ
チーズを粗く削ってふりかけ、極上オリーブオイルを
かけ、レモンを添える。

いちじくサラミ

割るとちぎる、それぞれのおいしさを味わう。

シンプルな料理は、何より切り方が重要。
この料理は、手で割いたりちぎったりと、包丁では絶対生まれない断面が、おいしさの鍵。
いちじくにだけレモンを搾るのは、酸味が少しあるほうが、よりおいしいから。

材料（2〜3人分）
いちじく …… 小6個（350g）
ソフトサラミ …… 90g
粗挽きこしょう …… 少々
レモン …… 1/4個

1 いちじくは皮つきのまま縦半分に切り、さらに縦に切り目を入れて、
  手で割り、縦4等分にする。
2 サラミは食べやすい厚さにナイフで切り込みを入れ、ちぎる。
3 器に1、2を盛り、粗挽きこしょうをふってレモンを添える。食べる
  ときは、いちじくにだけレモンを搾る。

なすのマリネ

熱いうちに味つけ。

揚げたてのなすに、味つけをするのがポイント。
それもマリネ液に漬けるのではなく、順番に味を入れる。
少し量が多いと思うかもしれませんが、マリネは多めに作るほうがおいしいので、
たっぷり作って翌日以降も楽しんでほしいです。

材料（作りやすい分量）
白なす（または米なす）…… 大3本（900g）
にんにく …… 1かけ
塩 …… 小さじ1強（6g）
砂糖 …… 小さじ1弱（3g）
甘酢（P.143参照）…… 100㎖
タイム …… 18枝
揚げ油 …… 適量
極上オリーブオイル …… 少々
細かい粒状の塩（P.7参照）…… 少々

1 なすは横1㎝厚さに切る。にんにくは縦2〜3㎜幅に切る。

2 鍋に揚げ油を入れて高温（180℃）に熱する。**1**のなすを入れ、軽く色づくまで揚げ、取り出して油をきる。

3 揚げたなすが熱いうちに1本分をバットに広げ、塩、砂糖、甘酢の各1/3量をふりかけ、タイム、にんにくも各1/3量ずつ散らし、揚げたなす1本分を重ねる。これをもう1回くり返し、3段に重ねる。

3

4 ラップをなすの表面に密着させるようにかけ、冷ましてから冷蔵室に入れ、一晩おいてなじませる。タイムやにんにくごと器に盛り、仕上げに極上オリーブオイルをかけ、細かい粒状の塩をふる。

・**3**の状態でラップをかけ、冷蔵で約2週間保存可。

自家製セミドライトマト

焦らずじっくり火入れ。

いわゆる市販のドライトマトは、旨味をプラスするときの調味料のような役割。
でもこのセミドライトマトは、ほどよくしっとり水分もあって、
旨味はちゃんと凝縮、そしてワインに合うれっきとしたひと皿。
作りおきすれば、急な来客時にも気の利いたつまみになります。

材料（作りやすい分量）
ミディトマト …… 12個
ケッパーの塩漬け（P.9参照）…… 大24〜30粒（※小粒なら倍量）
細かい粒状の塩（P.7参照）…… 適量
オリーブオイル …… 適量

1　ケッパーはさっと洗い、5〜10分水にひたして塩抜きし、半分に切る。トマトは横半分に切る。

2　オーブンの天板にオーブンペーパーを敷く。網をのせ、トマトの切り目を上にしてのせる。トマト1切れずつに細かい粒状の塩を少々ふり、少しおく。トマトのゼリー状の部分に1のケッパーを2、3切れずつ詰める。

3　オーブンを110℃に予熱し、1時間30分〜2時間、トマトの表面が少し乾くまで加熱する（完全に乾ききらないように注意する）。器に盛り、オリーブオイルをかける。

・冷蔵で約10日間保存可。

白いんげん豆の煮込み

豆を暴れさせない。

自家製セミドライトマトと同じで、じっくり一定の火入れが大事な料理です。
あくまで豆を煮る仕上げは、オーブンで。最初の直火は下ゆでと思ってください。
そして仕上げのオリーブオイルも味の決め手。豆の味わいをいっそう深めます。

材料（作りやすい分量・5人分）
白いんげん豆（乾燥）…… 500g
A ┌ ミニトマト …… 8個
  │ にんにく（皮つき）…… 3かけ
  │ セージ（生）…… 2枝
  └ 塩 …… 小さじ2 ½
赤玉ねぎの薄切り …… 適量
極上オリーブオイル …… 適量
細かい粒状の塩（P.7参照）…… 少々

下準備

白いんげん豆は洗って、たっぷりの水につけて一晩おき、
ざるに上げる。

1 オーブンに入れられる鍋に下準備した白いんげん豆を
  入れ、豆の高さより5cm上まで水を注ぐ。強めの中火
  にかけ、沸騰するまで豆を煮る。

2 ざるにあけて湯をきり、豆をさっと洗って鍋に戻し入
  れる。水1.8ℓ（※豆の重量の約3倍が目安）を注ぎ、
  Aを加えて中火にかける。沸騰したらアクを除いて火
  を止める。

3 オーブンを100℃に予熱する。2の鍋にふたをし、オ
  ーブンで2時間30分〜3時間加熱する（通しで加熱で
  きない場合は、60分×3回など、分けて加熱しても
  よい）。豆の皮がやわらかくなり、豆の中がボソボソ
  しない程度のやわらかさになったら鍋を取り出し、そ
  のままおいて粗熱をとる。鍋ごと冷蔵室に入れ、一晩
  おいてなじませる。

4 食べるときは、3のミニトマト、にんにく、セージを
  取り除く。豆は汁ごと器に盛り、赤玉ねぎ少々をのせ、
  極上オリーブオイルをたっぷりかけ、仕上げに細かい
  粒状の塩をふる。味を見て、足りなければ塩少々（分
  量外）をふる。

2

*白いんげん豆は、日本では白花豆
として知られ、甘く煮たり、和菓子
で使われることが多いが、イタリア
では主にトスカーナ地方の伝統料理
に多く使われる。煮込みはそのまま
ひと皿として食べたり、肉料理の付
け合わせなどにもする。

とうもろこしのヴェルタータ

無駄な旨味は加えない。

ヴェルタータは〝絹のような〟という意味で、なめらかさが身上のスープです。
主役を隠してしまうような旨味や味は加えたくないですが、その分バターはたっぷりと。
四季折々の、そのときにおいしい季節の食材（空豆、菊いも、かぶ、ビーツなど）で作り、
野菜の凝縮したおいしさを味わってください。

材料　4人分
とうもろこし …… 6本（1500g）
玉ねぎ …… 1個
バター …… 200g
塩 …… 適量
オリーブオイル …… 少々

1 とうもろこしは包丁で実をこそげ取り、芯も取っておく。
玉ねぎは薄切りにする。

2 鍋に1を入れ（とうもろこしの芯も入れる）、水1500
mℓを加えて（ひたひたくらいが目安）、中火にかける。
沸いたらバター、塩小さじ2を加えて強火にし、とうも
ろこしがやわらかくなるまで20〜30分煮る。途中で
味を見て、塩けが足りなければ塩少々を足す。

3 火を止めてとうもろこしの芯を除き、そのままおいて粗
熱をとる。ミキサーでしっかり攪拌し、目の細かいざる
に入れて、へらで押しながら漉す。冷蔵室で冷やして器
に盛り、オリーブオイルをたらす。

＊空豆、菊いも、かぶで作る場合は、好みで仕上げにパルミジャーノチーズ
のすりおろしをふる。

アンチョビバター

アンチョビは漬け直す。

市販の塩漬けアンチョビを、にんにく、ローリエで自分好みに改めて漬け直すのがイタリア流。
そうすることで、旨味もアップします。
アンチョビフィレでも、同様にすれば、よりおいしくなります。
パンとともに添えるバターは発酵バターをぜひ。トスカーナでは、スタンダードな食べ方です。
また、この漬け直したアンチョビは、アンチョビフィレと同様に使えます。

材料（3〜4人分）
塩漬けアンチョビ（P.9参照、またはアンチョビフィレ8枚）…… 4尾
にんにく …… 1かけ
ローリエ …… 2枚
ピュアオイル …… 適量
パンの薄切り …… 適量
発酵バター …… 適量

下準備
塩漬けアンチョビは氷水に入れて洗い、手で割いて骨や内臓、尾を除いて2枚（半身）にする。ペーパータオルで水けをよく拭く（アンチョビフィレを使う場合はペーパータオルで油を拭く）。

1 にんにくは縦半分に切って、芽を除く。保存容器にアンチョビを広げながら並べ、にんにくとローリエをのせ、ピュアオイルをひたひたになるまで注ぐ。ふたをして冷蔵室に約2日おいてなじませる。

2 食べるときはアンチョビの油をペーパータオルで拭き、器に盛る。パンはトーストし、バターは食べやすく切って器に盛り、パンにアンチョビとバターをのせて食べる。

・1の状態で冷蔵で約2週間保存可（にんにく、ローリエは4〜5日で取り除く）。

白身魚のカルパッチョ

コラトゥーラで先にあえる。

コラトゥーラはイタリアの魚醤。
この料理は白身魚に、先に旨味を吸い込ませてからオイルでコーティングするのがポイント。
仕上げに極上オリーブオイルではなく普通のオリーブオイルを使うのは、
白身魚の繊細な味とコラトゥーラの味を生かしたいからです。

材料（2人分）
白身魚のさく（ひらめ、鯛など）…… 120g
コラトゥーラ（P.9参照）…… 小さじ1/3
オリーブオイル …… 適量
赤玉ねぎの薄切り …… 少々
細かい粒状の塩（P.7参照）…… 少々

1 白身魚はそぎ切りにし、ボウルに入れる。コラトゥーラ
を加えてさっと混ぜ、オリーブオイル小さじ2弱をかけ
てあえる。

2 器に盛り、赤玉ねぎをのせる。赤玉ねぎに細かい粒状の
塩をふり、全体にオリーブオイル大さじ1をかける。

まぐろのタルタル

ねぎトロみたいな質感にはしない。

かたまり牛肉をたたいてひき肉状にするタルタルステーキがありますが、
まぐろの場合、たたいてしまうと完全に潰れてねぎトロ状になってしまう。
このメニューは〝ちゃんとまぐろを食べている〟と伝わる食感を残したいので、
たたくのではなく粗く刻む。ぎりぎり粒を感じるくらいのサイズ感を残してください。
まぐろ以外に、かつおで同様に作ってもおいしいです。

材料（2〜3人分）

まぐろのさく …… 200g

A ┌ ケッパーの塩漬け（P.9参照）…… 大6粒（※小粒なら倍量）
　│ 赤玉ねぎのくし切り …… 2cm分（20g）
　│ 黒オリーブ（種なし）…… 5粒
　└ イタリアンパセリの葉 …… 1枝分

B ┌ ディジョンマスタード …… 大さじ2/3
　│ 極上オリーブオイル …… 大さじ2/3
　│ にんにくオイル（P.143参照。オイルのみ使う）…… 小さじ1/2
　└ 塩 …… ひとつまみ

一口大に切った好みのパン（またはバゲット）…… 適量

にんにく …… 1/2かけ

極上オリーブオイル …… 少々

レモン …… 1/4個

1 Aの材料のケッパーはさっと洗い、5〜10分水にひたして塩抜きする。まぐろは1cm幅に切り、縦細切りにしてから粗く刻み、ボウルに入れる。

2 Aの材料をすべて粗みじん切りにして**1**のボウルに加え、混ぜ合わせる。**B**も加えて混ぜ合わせる。

3 ガーリックトーストを作る。パンをトーストし、にんにくの断面をパンにこすりつけ、香りを移す。

4 **2**を器に盛り、**3**を添え、極上オリーブオイルをかけてレモンを添える。

自家製ツナ

パプリカのマリネ トンナートソース

自家製ツナ

加熱の温度を一定にする。

ツナをしっとり仕上げる一番の肝は、火入れの温度、それに尽きます。
そのためには直火ではなく、加熱を一定にできるオーブンがおすすめなんです。
一度自分でツナを作ったら、そのリッチな味わいに間違いなくクセになりますよ。

材料（作りやすい分量）
まぐろのさく（キハダ、メバチなど）…… 300g
塩 …… 3g（まぐろの重量の1％）
にんにく …… 3かけ
ローズマリー（生）…… 2枝
ピュアオイル …… 適量

1 まぐろに塩を全体にふり、約20分おく。流水でさっと洗ってペーパータオルで水けを拭く。

2 オーブンを100℃に予熱する。オーブンに入れられる鍋（もしくは深さのある耐熱皿）にまぐろを入れ、にんにく、ローズマリーを入れ、ピュアオイルをひたひたになるまで注ぐ。

3 予熱したオーブンに入れ、約1時間加熱する。鍋を取り出し、そのままおいて冷ます。食べるときは食べやすい大きさに手で割り、器に盛る。

・オイルごと保存容器に移し、冷蔵で約2週間保存可。

◎自家製ツナでアレンジ

ほかにも、ゆで鶏や豚ハム、ローストビーフのソースにしたり、サラダ、蒸し野菜、ゆで卵に添えたりして食べる。

トンナートソース

材料（作りやすい分量）
自家製ツナ（上記参照）…… 200g
ケッパーの塩漬け（P.9参照）…… 大7粒（7g）
アンチョビフィレ …… 1$\frac{1}{2}$枚（6g）
甘酢（P.143参照）…… 80㎖
ディジョンマスタード …… 大さじ2
自家製ツナのにんにく …… 1$\frac{1}{2}$かけ
オリーブオイル …… 大さじ2$\frac{1}{2}$

1 ケッパーはさっと洗い、5〜10分水にひたして塩抜きする。ツナは手で粗くほぐす。

2 フードプロセッサーにすべての材料を入れて攪拌し、ペースト状にする。

・冷蔵で約2週間保存可。

パプリカのマリネ トンナートソース

パプリカは赤のみ。

黄色のパプリカはフルーティすぎて、この料理には合わない。
マリネにして、さらに旨味たっぷりのトンナートソースをかけるので、
ほどよい酸味のある赤パプリカを使ってください。

材料（作りやすい分量）
赤パプリカ …… 大3個（550～600g）
マリネ液
| ピュアオイル …… 400㎖
| 塩 …… 小さじ1弱
| 甘酢（P.143参照）…… 200㎖
トンナートソース（左ページ参照）…… 大さじ3
粗挽きこしょう …… 少々

1 パプリカのマリネを作る。パプリカは切らずに焼き網
にのせ、強めの中火にかけて表面が真っ黒になるまで
時々向きを変えながら焼く。全体が真っ黒になったら
熱いうちにラップで包み、約30分おく。

2 ラップをはずして流水で洗い、黒く焦げた薄皮をむい
て、ペーパータオルで水けを拭く。縦半分に切って種
を除き、バットに並べる。

3 マリネ液の材料を混ぜ合わせて**2**にかけ、ラップを
かけて冷蔵室に一晩おいてなじませる。

4 **3**の汁をきって器に盛り、トンナートソースをのせ、
粗挽きこしょうをふる。

・**3**の状態で冷蔵で約3週間保存可。

馬肉のカルパッチョ

肉の繊維を断ち切って伸ばす。

馬肉には、肉目とか繊維目とか呼ばれる繊維の流れが見える面があるんです。
白っぽい筋が見える面ですね。
その筋に逆らうようになるべく垂直に断ち切って、
さらに肉たたきなどでたたいて伸ばすことで、なめらかで口当たりのいい食感になります。

材料（2〜3人分）
馬肉（刺身用、もも肉）…… 100g
ルッコラ …… 1袋（15g）
にんにくオイル（P.143参照。オイルのみ使う）…… 適量
オリーブオイル …… 適量
塩 …… 適量
はちみつビネガー（P.9参照）…… 少々
細かい粒状の塩（P.7参照）…… 少々
パルミジャーノチーズ …… 20g
ピンクペッパー …… 15粒
バルサミコ酢 …… 少々
レモン …… 1/4個

1 馬肉は、肉の繊維を断ち切るように垂直に1cm厚さの
　そぎ切りにする。

2 ラップを大きめに切って、にんにくオイル少々をひき、
　馬肉を重ならないように並べ、別のラップを表面にの
　せる。ラップの上から肉たたき（または麺棒）でたた
　いて薄く伸ばす。ラップをはずし、馬肉の片面に塩
　少々、にんにくオイル少々をかける。

3 器にオリーブオイル少々をひき、塩少々をふり、その
　上に塩とにんにくオイルをかけた面を上にして**2**の馬
　肉をのせ、ルッコラものせる。オリーブオイル少々、
　はちみつビネガーを全体にかけ、細かい粒状の塩をル
　ッコラにかける。パルミジャーノチーズを薄くそぎ、
　手で割りながらのせ、ピンクペッパー、バルサミコ酢
　をかけ、レモンを添える。

温菜

食材のおいしさそのままを味わってほしいのは、温菜も同じ。
さっと火を入れたものや、じっくり火入れしてクタクタになるまで煮込んだものも、
それぞれにちゃんと理由がある、素材の〝いいところ〟の引き出し方。
どの料理も、素朴さの中にある奥深さが、何よりの魅力です。

ほうれん草のオイル煮

蒸しカリフラワー

いんげんのトマト煮込み

ゆっくりしっかり、火入れする。

イタリア料理のコントルノ（付け合わせ）にもなる、この3皿。
いずれも共通しているのは、しっかり中まで火を通すこと。
ほうれん草は、低めの温度で炒めて水分を飛ばすようにし、蒸し煮にはしない。
カリフラワーは、まるごと蒸して、旨味と水分を逃さない。
そしていんげんは、長く煮ることで、本来の味を引き出します。

ほうれん草のオイル煮

材料（3〜4人分）
ほうれん草 …… 2わ（10株）
にんにく …… 2かけ
オリーブオイル …… 大さじ5
塩 …… 小さじ1
細かい粒状の塩（P.7参照）…… 少々
こしょう …… 少々
極上オリーブオイル …… 適量

1 にんにくは包丁の腹で軽く潰す。ほうれん草はよく洗って根元を切り落とし、水けをしっかりきる。

2 大き目の鍋にオリーブオイルとにんにくを入れて弱火にかけ、にんにくがふつふつとしてきたら、ほうれん草を入れて、トングなどで返しながら油となじませる。塩小さじ1/2をふって弱火にし、しんなりするまで木べらで混ぜながら炒める。

3 ほうれん草から水分が出なくなったら残りの塩を加え、クタクタになるまで炒める。にんにくごと器に盛り、細かい粒状の塩とこしょうをふり、極上オリーブオイルをひとまわしかける。

蒸しカリフラワー

材料（3〜4人分）
カリフラワー …… 小1個（450g）
細かい粒状の塩（P.7参照）…… 小さじ2/3
極上オリーブオイル …… 適量
レモン …… 1/2個

1 カリフラワーは茎を除く。

2 蒸気の上がった蒸し器にカリフラワーを切らずに入れ、竹串などを刺して、スーッと入るやわらかさになるまで約20分蒸す。トングなどで取り出し（やけどしないように注意する）、カリフラワーの全体（裏側にも）にまんべんなく細かい粒状の塩をふる。

3 器に盛り、極上オリーブオイルを回しかけ、レモンを半分に切って添える。

いんげんのトマト煮込み

材料(3〜4人分)

さやいんげん …… 400g

玉ねぎ …… 小1個

オリーブオイル …… 大さじ3

にんにく …… 1かけ

塩 …… 大さじ2/3

A ┌ トマトソース(P.140参照)…… 200g

　├ ミニトマト …… 15個

　├ ブロード(P.142参照)…… 150㎖

　├ 塩 …… 小さじ2/3

　└ 水 …… 300㎖

1 いんげんは筋を除く。玉ねぎは粗みじん切りにする。

2 鍋にオリーブオイルを入れて中火にかける。にんにくを入れて香りがたったら玉ねぎを加え、玉ねぎが透き通るまで炒め始める。

3 別の鍋に湯を沸かし、塩を入れて、いんげんを約30秒ゆでる(色が鮮やかになるくらいが目安)。

4 いんげんをトングなどで取り出して**2**の鍋に移し、**A**を加える。いんげんがクタクタになり、汁にとろみがつくまで、時々混ぜながら約20分煮る。

パッパアルズッキーノ

野菜から出る旨味を閉じ込める。

水を加えて煮たときに外に出た野菜の旨味を、もう一度内側に戻して凝縮させ、
ピークに達したときにパン粉を投入して、旨味を瞬時に閉じ込める。
え、この材料で？　と、そのおいしさに驚くと思います。

材料（2人分）
ズッキーニ …… 1本（150g）
玉ねぎ …… 小1個（100g）
オリーブオイル …… 大さじ1$\frac{1}{2}$
塩 …… ひとつまみ
パン粉 …… 10g
パルミジャーノチーズのすりおろし …… 大さじ1弱
極上オリーブオイル …… 適量

1 ズッキーニは縦半分に切って横薄切りにする。玉ねぎ
　 は縦半分に切って、縦薄切りにする。

2 鍋にオリーブオイルを入れて中火にかけ、1の玉ねぎ
　 を透き通るまで炒める。ズッキーニ、塩を加え、しん
　 なりするまでつねに木べらで混ぜるようにして炒める。
　 ズッキーニの緑が鮮やかになってきたら水80mℓを加
　 え、混ぜながら煮る。ズッキーニが煮崩れ始めたら、
　 木べらで粗く潰す。

3 全体がくたくたになったらパン粉を加え、パン粉がし
　 っとりしたら火を止める。木べらで全体を練り、パル
　 ミジャーノチーズを加えて混ぜる。味を見て、足りな
　 ければ塩少々（分量外）でととのえる。器に盛り、極
　 上オリーブオイルを全体に回しかける。

2

生ハムを巻いたアンディーブロースト

焦がしておいしく。

良い焦げと悪い焦げがありますが、これは完璧においしい焦げ。
アンディーブにほんのり感じる苦味が、生ハムからにじみ出る旨味と一緒になって、
最強の旨味を生んでいます。
イタリアのトレンティーノ＝アルト・アディジェ州の郷土料理です。

材料（2〜3人分）
生ハム …… 4枚
アンディーブ …… 2個
細かい粒状の塩（P.7参照）…… 適量
パルミジャーノチーズのすりおろし …… 適量
オリーブオイル …… 適量
こしょう …… 適量

1 アンディーブは縦半分に切る。切り口にオリーブオイル少々をかけ、1切れずつに細かい粒状の塩少々をふる。パルミジャーノチーズ小さじ1ずつを葉の間にも入るようにふり、生ハムを1枚ずつ巻きつける。

2 オーブンを200℃に予熱する。耐熱皿にオリーブオイル少々をひき、1をアンディーブの切り口を上にしてのせ、パルミジャーノチーズ少々をかけ、オーブンで約13分焼く。器に盛り、こしょうをたっぷりふる。

水分を飛ばして旨味を凝縮。

しいたけ自体が持つ水分を、ぎゅっと凝縮させて旨味を引き出すのがポイント。
でもじつは、オーブンに入れる前の〝追いオイル〟が、
しっかり焼いてもパサつかせない、おいしさの秘密。
トリフォラーティとは〝トリュフのような〟という意味です。

材料（2〜3人分）

しいたけ …… 特大4個（300g）

オリーブオイル …… 大さじ3

にんにく …… 1かけ

セージ（生）…… 1枝

ラルド（またはパンチェッタ）…… 約20g

細かい粒状の塩（P.7参照）…… 少々

こしょう …… 少々

レモン …… 1/4個

1 しいたけは石突きのかたい部分を切り落とし、縦横半分に切る。

2 オーブンを200℃に予熱する。フライパンにオリーブオイル大さじ2とにんにくを入れ、弱火にかける。にんにくが色づいたらセージ、しいたけを入れ、さっと炒める。しいたけがオイルを吸ったら、火を止める。

3 耐熱皿にしいたけのかさを上にして並べ、にんにく、セージものせる。オリーブオイル大さじ1を回しかけ、予熱したオーブンで約8分焼く。ラルドはごく薄切りにする。

4 3が焼き上がったらオーブンから取り出し、細かい粒状の塩をふって器に盛る。温かいうちにラルドをのせ、こしょうをふり、レモンを添える。

＊ラルドは、豚の背脂に塩やスパイス、ハーブなどをすり込んで熟成させたイタリア食材で、日本で一般的にいうラードとはまったく別物。とろけるような口当たりと、複雑味のある熟成香が印象的な食材だ。

なすのティンバッロ

それぞれの旨味を引き出す。

なすを主役にした重ね焼きは、使う食材をシンプルにした分、
じっくり焼くことで、それぞれがちゃんと生かされたおいしさに。
ティンバッロはイタリア語で太鼓のこと。丸い形が特徴なので、
なるべく立派ななすを使ってください。

材料（2人分）
米なす（丸なす）…… 大1/3個（直径9cm、1.5cm厚さの輪切り×2枚）
モッツァレラチーズ …… 50g
アンチョビフィレ …… 1枚（4g）
パン粉（またはモッリーカ、P.143参照）…… 適量
トマトソース（P.140参照）…… 120g
パルミジャーノチーズのすりおろし …… 少々
バジルの葉 …… 3枚
オリーブオイル …… 小さじ1
塩 …… 少々
こしょう …… 少々

1 モッツァレラチーズは一口大に切る。アンチョビは1cm
長さに切る。ボウルに目の粗いざるを重ね、パン粉を
入れてへらで押し、細かくする。なすに塩をふり、水
けが出たら、その水けを利用してパン粉をまぶす。

2 オーブンに入れられる小さめの鍋（スキレットや鉄の
鍋など）や耐熱皿に、トマトソースの半量を広げ、1の
なす1枚をおく。残りのトマトソースの半量、モッツ
ァレラチーズの半量、アンチョビの半量を順になすに
のせ、もう1枚のなすを重ねる。残りのトマトソース、
モッツァレラチーズ、アンチョビを順にのせる。

3 オーブンを180℃に予熱する。2にパルミジャーノチ
ーズをかけ、バジルの葉を1枚ちぎってのせ、オリー
ブオイルを回しかけ、オーブンで約20分焼く。焼き上
がったらこしょうをふり、残りのバジルの葉をちぎっ
て散らす。

アスパラ バッサーノ風

ゆで卵に白ワインビネガーが隠し味。

仕上げの調味料は料理にまんべんなくかけがちですが、
狙い撃ちで味つけをすると、ハッとする印象とおいしさが生まれます。
アスパラとゆで卵を同じ仕上がり時間にするのもポイントなので、太めのアスパラを選ぶといいです。
ちなみにバッサーノは、イタリアのヴェネト州に位置するアスパラガスの名産地です。

材料（2〜3人分）
アスパラガス …… 6本
卵 …… L玉3個
アンチョビフィレ …… 3枚（12g）
細かい粒状の塩（P.7参照）…… 適量
白ワインビネガー …… 適量
極上オリーブオイル …… 適量

1 アスパラガスは根元のかたい部分を切り落とし、ピーラーでかたい皮をむく。

2 ゆで卵を作る。鍋に湯を沸かし、酢少々（分量外）を入れ、冷蔵室から出したばかりの卵を入れて約8分ゆで始める。

3 別の鍋に湯を沸かし、塩少々（分量外）を入れて、アスパラガスをゆでる（アスパラガスは太いもので約8分を目安にゆで、ゆで卵のゆで上がるタイミングに合わせるとよい）。トングなどで取り出し、湯をきって器に盛り、細かい粒状の塩ひとつまみをふる。

4 ゆで卵の殻をむき、半分に割って3の器に盛り合わせ、ゆで卵1切れずつに細かい粒状の塩少々をふり、アンチョビを切らずにのせる。ゆで卵1切れずつに白ワインビネガー少々をかけ、全体に極上オリーブオイルをかける。ゆで卵とアンチョビをフォークで潰しながらタルタル状にし（P.43の写真参照）、アスパラガスとともに食べる。

パターテ フリット

冷たい温度からじっくり揚げる。

にんにくのオイルを作るイメージで、じゃがいもににんにくの香りを移します。
見た目はあまりよくないかもしれないけれど、焦げるギリギリのところで取り出してほしい。
コツはじゃがいもも油も、冷たい温度からじっくり揚げること。
いわゆるフライドポテトとは別物のおいしさです。

材料（2〜3人分）
じゃがいも（メークイン、下記参照）…… 大3個（500g）
にんにく（皮つき）…… 2かけ
薄力粉 …… 適量
揚げ油 …… 適量
塩 …… 適量
細かい粒状の塩（P.7参照）…… 少々
こしょう …… 少々

1 じゃがいもは縦4つ割りにし、たっぷりの水に4〜5
  分さらし、水けをきる。
2 熱湯で1を約5分ゆで、ざるにあけて湯をきる。全体
  に薄力粉をまぶし、余分な粉は落とす。
3 冷たい揚げ油にじゃがいもとにんにくを入れ、弱めの
  中火にかける。油がふつふつとしてきたら弱火にし、
  竹串を刺してみてスーッと通るくらいまで8〜10分
  じっくり揚げる。
4 強火にし、菜箸でじゃがいもを転がしながら表面がこ
  んがりと焦げ色がつくまで揚げ、バットに取り出して
  油をきる。全体に塩をふり、にんにくとともに器に盛
  る。仕上げに細かい粒状の塩、こしょうをふる。

3

＊オルランドでは、じゃがいもは2年寝かせた熟成じゃがいもを使用し
ている。熟成じゃがいもで作ると、内側がしっとり、ねっとりした仕上
がりになり、驚くほど甘くなる。熟成じゃがいもはネットショップなど
で購入できる。

目玉焼きからすみ

しらすと青とうがらしのフリッタータ

目玉焼きからすみ

さっぱりめの卵を使う。

最近はおいしい卵がいっぱいありますが、
これはからすみとバターのおいしさを卵と一緒に味わってほしいので、
濃い味の卵だと重くなってしまう。
なので、地鶏の卵や高級卵は使いません。
また、常温に戻した卵は加熱すると一気に固まるので、冷蔵室から出したてを使って。

材料（2人分）
卵 …… S玉4個（冷蔵室で冷えた状態のもの）
からすみパウダー（P.9参照）…… 大さじ2
オリーブオイル …… 大さじ2
バター …… 10g
細かい粒状の塩（P.7参照）…… ひとつまみ
塩 …… ひとつまみ

1 小さ目のフライパンや小鍋に、オリーブオイル、バター
　 を入れて弱めの中火にかける。バターが溶けたら、冷蔵
　 室から卵を出して割り入れ、ふたをする。
2 時々ふたをはずして様子を見て、卵のまわりがポコッと
　 ふくらんだら（半熟より少しかためが目安）、細かい粒
　 状の塩と塩をふり、火を止める。からすみパウダーをふ
　 って、フライパンごとテーブルに出し、卵を崩しながら
　 食べる。

しらすと青とうがらしのフリッタータ

伸びのいい卵を使う。

目玉焼きからすみと同じで、フリッタータも濃すぎず高級すぎない卵を使います。
そのほうが、卵の伸びがいいんです。
あと、ふわふわにするオムレツじゃないので、混ぜすぎもNG。
フリッタータは厚みがあるので、火入れのムラを防ぐために、卵は少し室温に戻します。

材料（2〜3人分）
卵 …… L玉4個
釜揚げしらす …… 60g
青とうがらし …… 1/2本
にんにくオイル（P.143参照。オイルのみ使う）…… 小さじ1
塩 …… ひとつまみ
オリーブオイル …… 大さじ1
こしょう …… 少々
レモン …… 1/4個

1　卵は冷蔵室から出し、約2分室温に置く（常温までは戻さない）。青とうがらしは、みじん切りにする。

2　ボウルに卵を割り入れ、にんにくオイル、塩を加えてさっと混ぜ（溶きほぐさないよう注意）、しらすを加えてさっと混ぜる。

3　直径15〜16cmのフライパンにオリーブオイルを入れて強めの中火にかけ、青とうがらしを入れる。香りがたったら、すぐに2の卵液を注ぎ入れる。フライパンのふちの卵液を中心に集めるように混ぜ（混ぜすぎると炒り卵のような食感になってしまうので注意する）、ふちの卵液が固まり始めたら火を弱め、フライパンを揺すりながら全体に火を入れる。

4　卵の外側がふくらんできたら、フライパンに皿をかぶせて上下を返し、皿から滑らせるようにフライパンに戻し入れ、反対側も焼く。両面にこんがりと焼き色がついたら器に盛り、こしょうをふってレモンを添える。

カチョカヴァッロのソテー

ビネガーは火を止めてから加える。

カチョカヴァッロチーズはおいしいけれど、そのままでは濃厚なので、軽やかさをプラスしたい。
そのために相性のいい白ワインビネガーを加えるんですが、これは余熱でパッと蒸発すればOK。
火を止めてからでないと、ビネガーが燃えます。
このメニューは〝アルジェンティエラ〟（銀職人）風ともいわれ、
鉄（銀）を溶かすようなイメージからそう呼ばれています。

材料（2〜3人分）
カチョカヴァッロチーズ（下記参照）…… 150g
ルッコラ …… 1袋（15g）
オリーブオイル …… 大さじ2
にんにく …… 1かけ
オレガノ（ドライ）…… 少々
白ワインビネガー …… 小さじ2
細かい粒状の塩（P.7参照）…… 少々
こしょう …… 少々

＊カチョカヴァッロチーズはイタリア発祥のチーズ
のひとつで、ひょうたん型、もしくは洋なし型の個
性的な形が特徴。乳脂肪分が豊富で味わいはミルキ
ーでコクがある。白ワインやレモンとの相性がよく、
熱にも強いので加熱調理にも適している。

1 カチョカヴァッロチーズは縦1.5cm幅
に切る。

2 フッ素樹脂加工のフライパンにオリー
ブオイルを入れ、中火にかける。チー
ズを入れ、空いたところににんにくを
入れる。チーズをフライ返しで軽く押
しつけながら焼き、溶け始めたら弱火
にしてきつね色になるまで焼く。途中、
チーズから出た脂はペーパータオルで
拭き取る。チーズを裏返してにんにく
の上にのせ、反対側も同様に焼く。

3 オレガノをふり、火を止めてから白ワ
インビネガーをふりかける。器にルッ
コラを盛り、焼いたチーズをのせ、細
かい粒状の塩、こしょうをふる。

チーズの水分をきちんときる。

揚げている間に水分が出てこないためと、
食べるときも水っぽくならないために、しっかりチーズの水分はきること。
パンは、フレンチトーストに使うような、密度のあるものがおすすめ。
パンのふちに牛乳をひたすのは、パン同士を密着させるためです。

材料（2人分）
パン（パン・ド・ミ、または食パン）…… 1.5cm厚さのもの×2枚
モッツァレラチーズ …… 60g（30g×2個）
アンチョビフィレ …… 2枚（8g）
牛乳 …… 適量
塩 …… 適量
衣
　小麦粉 …… 適量
　溶き卵 …… S玉2個分
　パン粉 …… 適量
揚げ油 …… 適量
細かい粒状の塩（P.7参照）…… 少々
こしょう …… 少々

下準備
・ボウルに目の粗いざるを重ね、衣のパン粉を入れてへ
　らで押して細かくする。

1 モッツァレラチーズはペーパータオルで水けをよく拭
　く。パンは耳を切り落とし、それぞれ縦半分に切る。

2 パンは1枚ずつふちを牛乳にひたし、両面に小麦粉を
　まぶして余計な粉を落とす。パン1枚に塩ひとつまみ
　をふり、モッツァレラチーズ1個をちぎって、アンチ
　ョビ1枚とともにのせ、塩ひとつまみをふり、別のパ
　ン1枚を重ねてぎゅっと押す。同様にしてもう1組作
　り、溶き卵、パン粉の順に衣をつける。

3 鍋に揚げ油を低温（160℃）に熱し、**2**をそっと入れる
　（一度に入らないときは1個ずつ揚げる）。時々油を
　回しかけながら揚げ、途中上下を返し、全体がこんが
　り色づいたら取り出して油をきる。半分に切って器に
　盛り、細かい粒状の塩、こしょうをふる。

2

いかのパン粉がけ

いかを冷凍してからゆでる。

なるべく、いかにじんわり火を入れたいので、ゆでる前に凍らせて温度を下げます。
モッリーカのしっとりとカリカリが、いかのプリプリに混ざって、
絶妙なコントラストの食感と味わいになるんですよね。
いかは白いか（主にやりいか）がおすすめです。

材料（2〜3人分）
小いか(ここではやりいか) …… 4はい(約15cmのもの)
モッリーカ（P.143参照）…… 大さじ1 1/2
塩 …… 適量
極上オリーブオイル …… 大さじ2
レモン …… 1/4個

1 いかはわたごと足を引っ張って胴から引き抜く。足はわ
たと目、かたい部分を除く。ラップにいかが重ならない
ように広げてから包み、冷凍する。

2 1を冷凍室から取り出して、包丁で切れるくらいまで室
温において半解凍し、胴は5mm幅の輪切りにする（足は
切り分けなくてよい）。

3 鍋に湯を沸かし、塩適量（水1ℓに対して塩大さじ1弱が
目安）を入れて弱火にし、いかを入れる。いかが半透明
になったらざるに取り出し、湯をきる。ボウルに入れ、
モッリーカ大さじ1を加えて絡める。味を見て、足りな
ければ塩少々で味をととのえる。

4 器に盛り、残りのモッリーカをふり、極上オリーブオイ
ルをかけ、レモンを添える。

何より、おいしいたこを使うこと。

冷たい刺身に温かいオイルをかけるという、
瞬間の香りと味わいを楽しむ料理なので、質のいいたこを使う。これに尽きます。
香味オイルは、ほかに牛肉のタリアータなどにかけても美味です。

材料（2人分）
ゆでた真だこ（刺身用）…… 100g
細かい粒状の塩（P.7参照）…… 少々
香味オイル
　ローズマリー（生）…… 2枝
　タイム（生）…… 7枝
　にんにくオイル（P.143参照。にんにくごと使う）…… 大さじ1弱
　オリーブオイル …… 大さじ2強
レモン …… 1/4個

1 香味オイルの材料のローズマリー、タイムは枝からはず
し、粗く刻む。真だこは薄いそぎ切りにし、耐熱の器に
盛り、細かい粒状の塩をまんべんなくふる。

2 香味オイルを作る。小鍋ににんにくオイル、オリーブオ
イルを入れて中〜強火にかけ、**1**のローズマリーとタイ
ムを加える。パチパチと音がしたら火を止め、すぐにレ
モンを搾って加える（はねるのでやけどに注意する）。

3 **1**のたこに**2**の搾ったレモンをのせ、**2**を回しかける。

ムール貝のペッパータ

鍋のサイズが重要。

白ワインが瞬時に貝全体に行き渡るような、
できるだけジャストサイズの鍋を使ってほしいです。
貝の量に対して鍋が大きすぎると、白ワインで身が蒸される前に、殻が開いてしまう。
そして殻が開いたらすぐに火を止めるのも、おいしさの秘訣です。

材料（2人分）
ムール貝 …… 400g
にんにく …… 2かけ
オリーブオイル …… 大さじ2
白ワイン …… 70㎖
こしょう …… 少々
レモン …… 1/2個

1 ムール貝は殻のまわりを金だわしでよく洗って水洗い
し、汚れをしっかり除く。

2 小鍋にオリーブオイルとにんにくを入れ、弱めの中火に
かける。香りがたったらムール貝を入れて、白ワインを
加え、すぐにふたをして強火にする。

3 殻が開いてきたら火を止め、すぐに貝を器に盛ってから、
鍋に残った煮汁をかける。こしょうをふり、レモンを半
分に切って添える。

ディルで風味づけ。

濃厚で、ある意味まったりとした料理なので、唯一のアクセントがディル。

ディルの代わりにういきょうの葉（フェンネル）を使えば、いっそう香りが際立ちます。

貝を入れるときはいったん火を止めてからでないと、貝がびっくりして殻の中に閉じこもってしまいます。

この料理、イタリアではいろんな巻き貝が入るんですよ。

材料（2人分）

巻き貝（黒バイ貝、つぶ貝など）…… 500g

玉ねぎ …… 1個

セロリ …… 大$\frac{1}{2}$本（50g）

オリーブオイル …… 大さじ3

にんにく …… 1かけ

白ワイン …… 大さじ2

A ┌ あさりのブロード（下記参照）…… 100㎖
　├ トマトソース（P.140参照）…… 200g
　├ ディル …… 5枝
　└ 赤とうがらし …… 小1本

1 巻き貝はよく洗って水けをきる。玉ねぎ、セロリはみじん切りにする。

2 鍋にオリーブオイルを入れて中火にかけ、玉ねぎ、セロリ、にんにくを入れて炒める。玉ねぎとセロリが透き通ってきたら火を止め、巻き貝、白ワインを加えて中火にかける。

3 Aを加えて、ふたをし（煮立たせないように注意する）、汁にとろみがつくまで煮る。味を見て足りなければ、塩少々（分量外）をふる。器に盛り、竹串やピックを添え、貝の身を取り出して食べる。

あさりのブロード

材料（作りやすい分量）

あさり …… 500g

塩 …… 適量

1 あさりは3％の塩水に入れ、冷暗所に約1時間おいて砂抜きし、流水でよく洗う。

2 鍋にあさりと水500㎖を入れ、沸騰したらすぐに火を止め、ざるで漉す。

・粗熱を取って保存用袋に入れ、冷凍で1〜2週間保存可。あさりは傷みやすいので冷蔵保存は不可。

レバーペースト

仕上げはへらで潰すだけ。

ざらっとしているくらい、ラフに潰したレバーペーストがイタリア流。
ただし火入れには注意して、火を入れすぎないのもポイント。
ボソボソにしたいわけではないんです。

材料（作りやすい分量）
鶏白レバー …… 500g
塩 …… 小さじ1
玉ねぎ …… 大1$\frac{1}{2}$個（450g）
オリーブオイル …… 大さじ4
白ワイン …… 60㎖
A ┌ ブロード（P.142参照）…… 300㎖
　　│ マルサラ酒（P.9参照）…… 250㎖
　　└ ローリエ …… 2枚
一口大に切った好みのパン（またはバゲット）…… 3枚
にんにくオイル（P.143参照）…… 少々
粗挽きこしょう …… 少々
細かい粒状の塩（P.7参照）…… 少々

1 玉ねぎは縦薄切りにする。レバーはまわりに付いている余分な脂を除き、さっと洗って水けをペーパータオルで拭き、塩をふる。

2 厚手の鍋にオリーブオイル大さじ2を入れて中火にかけ、玉ねぎを入れて、薄い飴色になるまでじっくり炒め、火を止める。

3 フライパンにオリーブオイル大さじ2を入れて強火にかけ、レバーの表面をさっと焼き、**2**の鍋にレバーを移す。空いたフライパンに白ワインを入れて中火にかけ、鍋底のレバーの焦げや旨味を木べらでこそげ、**2**の鍋に移す。

4 **2**の鍋に**A**を加え、強火にかけて煮詰める。煮汁の量が$\frac{1}{3}$になったら味を見て、足りなければ塩少々（分量外）で味をととのえる。木べらでレバーを粗く潰しながら火を通し、余分な汁けがなくなったら火を止める。

5 パンをトーストして器に盛り、にんにくオイルをかけ、**4**をのせ、仕上げに粗挽きこしょう、細かい粒状の塩をふる。

＊**4**の状態で保存容器に入れ、冷蔵で4〜5日間保存可。食べるときは温め直す。

せせりバター

オーブンで火入れしてふっくら仕上げに。

直火だけでも作れますが、高温にかける時間が長いとせせりが硬くなってしまいます。
オーブンでじっくり加熱してから仕上げに直火に戻せば、
ふっくら仕上げることができるんです。

材料（2人分）

A ┌ 鶏せせり肉 …… 300g
　├ 塩 …… 小さじ1/2
　└ にんにくオイル（P.143参照。オイルのみ使う）…… 小さじ2

バター …… 90g
ローズマリー（生）…… 1枝
レモン …… 1/4個
粗挽きこしょう …… ひとつまみ

1 ボウルに**A**を入れ、軽く揉む。

2 オーブンを250℃に予熱する。オーブンに入れられる小
　さ目の鍋やフライパン（スキレットや鉄の鍋など）に、
　バターとローズマリーを入れて中火にかけ、**1**を加える。
　ふつふつとしたら、予熱したオーブンに入れ、約15分
　加熱する。

3 オーブンから取り出し、せせりがフライパンにくっつい
　ていたら菜箸ではがし、強火にかける。レモンを搾り入
　れ（はねるので、やけどに注意する。いったん火を止め
　るとはねにくい）、搾ったレモンごと鍋に入れる。煮汁
　が透き通ったら、粗挽きこしょうを加え、鍋のまわりに
　少し焦げ目がついたら火を止める。

一晩寝かせて味をなじませる。

熱が冷めるときに素材に味が入ってまとまるので、前の晩に作って翌日に食べるのが最高です。

どうしても早く食べたいときでも、必ず一度冷ましてから温め直してください。

ファッロの代わりに押し麦を使ってもいいです。その場合は、仕上がりがもう少しさらりとします。

材料（2～3人分）

ファッロ（スペルト小麦、または押し麦）…… 70g

パンチェッタ …… 20g

セロリ …… 1本

じゃがいも（またはズッキーニ）…… 小1個（ズッキーニの場合は小1本）

にんじん …… 1/2本

玉ねぎ …… 1/4個

オリーブオイル …… 大さじ1

ブロード（P.142参照）…… 200㎖

塩 …… 小さじ2/3

タイムの葉 …… 8枝分

極上オリーブオイル …… 少々

＊ファッロはスペルト小麦や古代小麦とも呼ばれる穀物。深い味わいとプチプチした食感が特徴で、イタリアでは、スープやサラダによく使われる。

1 ファッロはかぶるくらいの水に約30分ひたし、ざるにあける。セロリ、じゃがいも、にんじん、玉ねぎは5㎜角に切る。パンチェッタはみじん切りにする。

2 鍋にオリーブオイルを入れて中火にかけ、**1**の野菜とパンチェッタを炒める。全体に火が通ったら、水500㎖、ブロード、塩を加える。

3 沸騰したらファッロとタイムを加え、途中沸いてきたら弱火にし、約1時間煮る（ふつふつぐらいの火加減をキープする）。火を止めて粗熱を取り、冷蔵室に一晩おく。食べるときは温め直し、器に盛り、極上オリーブオイルをかける。

僕が
三浦に
通う理由

　僕は、"不便なところに身を置くこと"でしか生まれない料理があると思っています。そしてそうするほうが、イタリアらしさを感じられる。

　どういうことかというと、いまは便利なものが身近にたくさんあり、食材も、季節関係なくいつでも揃うことが日常になっています。けれど、僕はあえてその便利さを利用しない、ということです。不便であることが僕を鍛えてくれるし、イタリアの郷土料理も、そんな不便さから生まれた料理だと思います。

　たとえば、多くの料理人は豊洲市場で食材を調達しますが、僕にはそれすらも便利な選択。ちょっとひねくれものな性格も手伝って、結果、神奈川県の三浦に通っています。もともと神奈川県出身なので、それなりに地の利もあって。

　初めは鎌倉の "レンバイ"（鎌倉市農協連即売所）でずっと食材を買っていたんですが、いつの頃からか同業の客が増えて、気付いたらそこで買うこと自体がブランド化してきちゃった。そうなると、ほかを探したくなってきて、たどり着いたのが三浦エリア。ここで魚介と野菜を調達しています。

　魚介は、長井漁港と佐島漁港を見て回ります。このあたりは、東京から一番近いエリアでありながら、魚種、質ともにすごいクオリティのものが上がるんです。定置網と巻網で獲った魚が並びますが、質は良くても、どんな魚も揃うわけではないんです。その季節のもので、しかもその日によって変わる。これが豊洲とかであれば、全国から魚は集まるし、なんなら季節以外のものまで手に入ってしまう。でもそうなると、完成形（＝料理）から先に考えてしまって、「食材」が後回しになる。僕にはそれが考えられなくて、いまの季節に揃った食材でこうしてみようとか、この食べ方ならどうかな、と自然な流れで料理を考えたいんです。そのほうが料理人として健全じゃないかな、と思っています。

　野菜は主に、「すかなごっそ」という農産物直売所で買っています。ここは、毎日たくさんの農家さんが野菜を卸していて、同じ種類の野菜でも作り手で選べるほど、豊富に揃っています。そのなかで、気付いたらいつも買っているという農家さんが、「よね子農園」です。

　「よね子農園」は代々続く農家で、現在の若旦

那は元料理人なんだそう。それもあって、料理人目線が野菜作りに生かされているというか、サイズや形がすごく使いやすい。あと葉野菜が豊富なので、それも気に入っています。

いつもは直売所で買うので、農園に行くことはないんですが、改めて直接足を運んでみて、野菜のクオリティがなぜあんなに高いのか、そしておいしいのかがわかりました。たとえば里いもひとつとっても、親、子、孫（大、中、小とサイズ分けをする際に「よね子農園」が使う表現）と、ひとつずつ手でもぎ分け、さらには1個1個、まわりについた土を手でこそげ落としているんです。普通は、大きな水槽のようなところで一気に水洗いするのが当たり前。このていねいさが、野菜の鮮度ともちの良さの差につながっているんですね。

三浦に通ってから、改めて食材の本当の旬は短い、というのがわかりました。昨日まであったものが今日はないとか、新ものの野菜の出始めがわかったり、天候の変化で魚種がガラリと変わったり。そうやって毎日食材を見ていると、だんだん次の出回り時期も読めてきて、おのずと料理もそれに合わせて変化していきます。つまり、なんでもあるわけじゃない不便さが、料理を生むんです。

旬や、食材そのものを大切にするイタリアの伝統料理や地方料理は、そこに原点があると思うし、僕が作っているのは、そういう料理なんです。

・長井水産
神奈川県横須賀市長井5-24-7
〈**直売センター**〉
☎046-858-1020
㊥8:30〜16:30（季節により変動あり）㊡火曜（祝日を除く）
アクセス　京浜急行三崎口駅より京急バス各路線「長井小学校」下車、徒歩約1分

・「よね子農園」の主な販売所
すかなごっそ
神奈川県横須賀市長井1-15-15
☎046-856-8314
㊥9:30〜17:00　㊡水曜（祝日を除く）
アクセス　三浦縦貫道路「林」出口より車で約3分、京浜急行三崎口駅より京急バス各路線「小根岸」下車、徒歩約1分

メイン

オルランドのメインは、魚も肉も、大胆で明快。
コンセプトである〝何を食べてほしいか〟〝この食材はこれを引き出したい〟が
いっそう明確に出ている料理です。
テーブルに運ばれた瞬間の〝ドンッ〟という音と、「わぁっ」という声まで聞こえてきそうな
シンプルでストレートなおいしさを楽しんでください。

白身魚のグアツェット

だしのよく出る魚を一尾まるごと使う。

旨味が強い、キジハタやホウボウ、イワナなどがよく合います。
水の量を極力抑えて魚からの旨味を引き出すためにも、
フライパンはなるべく魚にぴったり合うくらいのサイズがおすすめ。
大きすぎるフライパンは煮崩れます。

材料（2〜3人分）
白身魚（キジハタ、ホウボウなど）…… 1尾（350〜400g）
にんにく …… 2かけ
ミニトマト …… 30個
塩 …… 適量
オリーブオイル …… 大さじ1

1 にんにくは半分に切って芽を除き、包丁の腹で軽く潰す。
白身魚はうろこを取ってえらを除き、腹を切って内臓を
抜き取り、流水で腹の中をきれいに洗う（買うときに鮮
魚店やスーパーの鮮魚売り場で下ごしらえしてもらうと
よい）。キッチンペーパーで水けを拭き、内臓のあった
部分と両面にそれぞれ塩少々をふる。

2 フライパンにオリーブオイルとにんにくを入れて弱火に
かけ、にんにくから香りがたったら白身魚を入れ、まわ
りにミニトマトも入れる。白身魚の半分の高さまで水適
量を注ぎ（このとき水を魚の表面にかけないように注意
する）、ふたをして強火で約10分蒸し煮にする。

3 ふたをはずして、煮汁に少しとろみがつくまで煮る。火
を止めて白身魚とミニトマトを器に盛り、煮汁を白身魚
にかける。

オイルでコーティングしてから焼く。

火を入れすぎるとパサパサになってしまうかじきは、
まわりをカリカリに焼いて、中はしっとりレア、くらいで仕上げるのがベスト。
仕上げのピンクペッパーの甘やかな香りも、いいアクセントです。

材料（2〜3人分）
かじきまぐろ …… 大1〜2切れ（500g）
オリーブオイル …… 適量
にんにくオイル（P.143参照、オイルのみ使う）…… 適量
塩 …… 適量
ルッコラ …… 適量
細かい粒状の塩（P.7参照）…… 少々
粗挽きこしょう …… 少々
ピンクペッパー …… 15粒
レモン …… 1/2個

1　かじきまぐろは冷蔵室から出し、両面にオリーブオイル少量を塗る。さらに両面に塩少々をふって、にんにくオイル少々を塗り、約1分おく。

2　グリルパンを強めの中火にかける。温まったらオリーブオイル少々をひき、強火にして**1**をのせる。さっと焼き、かじきまぐろにグリルパンの焼き目がついたら90°回転し、焼き目が格子状になるようにさらにさっと焼く。

3　かじきまぐろのまわりが白くなって半生になったら裏返す。同様にして反対側も焼き、途中90°回転してさらにさっと焼く（焼きすぎるとパサつくので、レアくらいに仕上げる）。

4　ルッコラを器に盛り、**3**をのせる。細かい粒状の塩、粗挽きこしょうをかけ、ピンクペッパーを散らし、レモンを半分に切って添える。

蒸し魚のタプナード

仕上げのオリーブオイルも、ソースの一部に。

極上オリーブオイルはたっぷりかけて、器の底にふった塩と混ざり合わせると、旨味が増します。
タプナードソースとオイルの旨味を存分にまとわせるために、白身魚には下味をつけません。

材料（2人分）
白身魚の切り身（鯛や太刀魚など）…… 2切れ（250g）
細かい粒状の塩（P.7参照）…… 適量
極上オリーブオイル …… 適量
タプナードソース（下記参照）…… 大さじ2

1 オーブンペーパーを大きめに切り、白身魚を皮目を下
にして置く。蒸気の上がった蒸し器にオーブンペーパ
ーごと入れ、12〜13分蒸す。

2 皮目を下にして器に盛り、細かい粒状の塩ひとつまみ
をふり、魚ののっていない器の空いた部分の底にも細
かい粒状の塩ひとつまみをふる。極上オリーブオイル
をたっぷりとかけ、タプナードソースをのせる。

タプナードソース

材料
アンチョビフィレ …… 1枚（4g）
ケッパーの塩漬け（P.9）…… 大5〜6粒（5g）
黒オリーブ（種なし）…… 40g
ドライトマトのオイル漬け
　（市販、オイルをきったもの）…… 130g
トマトペースト（右記参照）…… 50g

＊トマトペーストは、裏ごし
したトマトを煮詰めて濃縮さ
せたもので、凝縮したトマト
の旨味がある。水分が少ない
ので旨味を足すときや、隠し
味に重宝する。

1 ケッパーはさっと洗い、5〜10分水にひたして塩抜きし、水けをきる。
アンチョビはペーパータオルで油を拭く。

2 フードプロセッサーに、**1**、黒オリーブを入れ、1〜2秒攪拌してみじ
ん切りの状態にし、ボウルに取り出す。

3 同じフードプロセッサーに、ドライトマト、トマトペーストを入れ、
ペースト状になるまで攪拌する。**2**のボウルに加えて混ぜ合わせる。

・保存容器に入れ、冷蔵で約1週間保存可。

白身魚の筒切りロースト

しっかり焼ききる。

ただの白身魚ではなく、筋肉質の身を持つ魚を使うのがポイント。
これを筒切りで焼けば、骨があるので身が縮まずに、ふっくら焼けるんです。
オーブンに入れる前に一瞬フライパンを直火にかけるのは、
冷たい温度からオーブンに入れたくないため。冷たいと仕上がり時間にブレが出ます。

材料（2〜3人分）
白身魚の筒切り（さわら、スズキ、太刀魚など）…… 大1〜3切れ（550g）
塩 …… 少々
にんにく（皮つき）…… 2かけ
タイム（生）…… 8〜10枝くらい
オリーブオイル …… 適量
にんにくオイル（P.143参照。オイルのみ使う）…… 適量
レモン …… $1/2$個
細かい粒状の塩（P.7参照）…… 適量
極上オリーブオイル …… 適量

下準備
・筒切りした白身魚の内臓を除き、流水で腹の中をきれ
　いに洗う（買うときに鮮魚店やスーパーの鮮魚売り場
　で下ごしらえしてもらうとよい）。
・焼く15分前に冷蔵室から出す。
・オーブンを250℃に予熱する。

1 白身魚の表面に塩をふり（**1-1**）、内臓のあった部分
　　にんにく、タイムを詰める（**1-2**）。表面に、オリ
　　ーブオイル、にんにくオイルの順で塗る。

2 オーブンに入れられるフライパン（または高さのない
　　鍋）にオリーブオイル大さじ1弱を入れて弱火にかけ、
　　1を入れて、オリーブオイル適量（ひと回しが目安）
　　をかける。フライパンが温まったら予熱したオーブン
　　にすぐに入れ、約35分焼く。

3 魚に火が通ったら取り出して器に盛り、レモンを半分
　　に切って添える。細かい粒状の塩を別の器に入れて、
　　極上オリーブオイルとともに添える。魚の内側に塩を
　　ふっていないので、食べるときに細かい粒状の塩、極
　　上オリーブオイルをかける。

車えびのマルサラソテー

車えびのだしを出すようなイメージで。

フライパンをつねにゆすってソテーするのは、
車えびに火を入れたいからではなく、じっくりだしを引き出したいから。
マルサラ酒の香る作りたての味わいはもちろんおいしいですが、
じつは冷めても相当旨いつまみになります。

材料（2人分）
有頭車えび …… 8尾
塩 …… 適量
バター …… 40g
マルサラ酒（P.9参照）…… 50㎖
ルッコラ …… 適量
レモン …… 1/4個

1 えびは長いひげとつのを除く。殻つきのまま竹串で背わ
たを除き、全体に塩少々をふる。

2 フライパンを強火にかけて温め、車えびを入れてすぐに
ふたをする。えびの色が変わり始めたらふたをはずして、
えびを裏返す。バター、マルサラ酒を加え、フライパン
をゆすりながらさらに焼く。えびに火が通り、ソースが
キャラメル色になってとろみがついたら、火を止める。

3 器にルッコラを盛り、**2**をのせ、レモンを添える。

肉

ポッロ フリット

衣にチーズを入れて旨味をプラス。

フライドチキンといえば、ある程度大きいほうが気分も上がるかなという企みで、
1羽分の骨つきもも肉を使っていますが、じつは手羽でも、骨なしのもも肉で作ってもいい。
肝心なのは、衣にチーズを加えて旨味をアップさせていること。
こうすることで、味つけとは思わせない、ごく自然な鶏肉の旨味に感じられます。

材料（2〜3人分）
骨つき鶏もも肉 …… 400g
衣
| 卵 …… M玉1個
| 小麦粉 …… 15g
| 片栗粉 …… 15g
| パルミジャーノチーズのすりおろし …… 大さじ1$\frac{1}{3}$
| 塩 …… 少々
揚げ油 …… 適量
塩 …… 適量
こしょう …… 少々
レモン …… $\frac{1}{4}$個

1　鶏肉は大きめの一口大に切り、塩少々をふる。
2　ボウルに卵以外の衣の材料を入れて混ぜ、卵を割り入れてよく混ぜる。1を入れてよく揉み、肉の表面にしっかり衣をつける。
3　揚げ油を高温（180℃）に熱し、2を入れる。途中返しながら火が通るまで5〜6分揚げる（1切れ取り出して切ってみて、中まで火が通っているか確認するとよい）。
4　取り出して油をきり、塩少々を1切れずつにふる。器に盛ってこしょうをふり、レモンを添える。

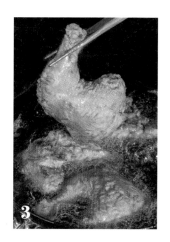

ゆるめのトマトソースからカツを煮始める。

いわゆる〝カツ煮〟のイタリア版。
たっぷりめのトマトソースの中でカツレツを煮て、コクのある味わいに仕上げます。
肉を揚げるときは〝揚げ焼き〟のイメージで。

材料（1〜2人分）
牛サーロインステーキ用肉 …… 200g
トマトソース（P.140参照）…… 160g
衣
  小麦粉 …… 適量
  溶き卵 …… 1個分
  パン粉 …… 適量
オリーブオイル …… 適量
バター …… 20g
にんにく …… 2かけ
オレガノ（ドライ）…… ひとつまみ
塩 …… 適量

下準備
・ ボウルに目の粗いざるを重ね、パン粉を入れてへらで
　押して細かくする。

1　カツレツを作る。牛肉はラップで包む。ラップの上か
　ら肉たたき（または麺棒）でたたいて8〜9mmの厚さ
　に伸ばす。塩少々をふり、肉から水分が出てきたら、
　小麦粉、溶き卵、パン粉の順にしっかりと衣をつける。

2　フライパンに1cm深さまでオリーブオイルを入れ、バ
　ターを加えて強めの中火にかけ、1を入れる。フライ
　パンを時々静かにゆするようにし、途中返しながら揚
　げ、衣が両面こんがりと色づいたら、取り出して油を
　きる。

3　フライパンをきれいにし、オリーブオイル大さじ1、
　にんにくを入れて弱めの中火にかけ、にんにくの香り
　がたったらトマトソース、オレガノ、塩ひとつまみを
　入れてひと煮立ちさせ、2を加える。トマトソースを
　カツレツにかけながら煮て、カツレツが温まったら器
　に盛る。

サルティンボッカ

片面にだけ塩をする。

生ハムの塩味は想像以上にあるので、豚肉への塩はごく少量で十分。
同時に生ハムは旨味も強く、バターも使うのでコクがあっておいしいですが、
重たくしすぎないためにも、ソースに加える白ワインとレモンは大事な役割です。

材料（2人分）
生ハム …… 4枚
豚ロースとんカツ用肉 …… 大2枚（300g）
塩 …… 少々
セージの葉 …… 4枚
小麦粉 …… 適量
オリーブオイル …… 小さじ2
バター …… 20g
白ワイン …… 大さじ1⅓
レモン …… ¼個

1 豚肉は1枚を横半分に切る。筋切りして、包丁の背で
たたいて厚みを均一にする（こうすることで焼き縮み
を防ぐ）。肉の片面に塩をふる。

2 豚肉1切れにセージ1枚をのせる。生ハム1枚を広げ
て中央に豚肉をのせ、生ハムの両端を巻きつける。小
麦粉を薄くまぶし、手でぎゅっと押して密着させる。
同様にして合計4個作る。

3 フライパンにオリーブオイルを入れて、弱めの中火に
かける。生ハムの巻き終わりを下にして2を入れる。
こんがりと焼き色がついたら裏返し、同様に焼く。

4 バターを加えて溶かし、ふつふつとしてきたら白ワイ
ンを加え、レモンを軽く搾ってから皮ごと加える。フ
ライパンをゆすりながら豚肉にソースを絡め、器に盛
る。フライパンに残ったソースはさらに煮詰め、とろ
みがついたら豚肉にかける。

ポルペッティ フリット

肉だねを寝かせてなじませる。

肉だねを休ませるだけですが、これで味がなじみ、格段においしくなります。

まったく派手さのない、見た目はただの茶色い肉だんごなんだけれど、

このシンプルさはほかに代え難いおいしさ。

フィレンツェの著名なリストランテ「デル ファジョーリ」のこの料理が、僕の味のお手本です。

材料（2〜3人分）
牛ひき肉 …… 250g
オリーブオイル …… 大さじ1/2
A ┌ 玉ねぎのみじん切り …… 1/4個分
  │ セロリのみじん切り …… 1/4本分
  └ にんじんの粗みじん切り …… 1/4本分
B ┌ セージの葉の粗みじん切り …… 5枚分
  │ クミンシード …… 小さじ1/3
  │ にんにくオイル（P.143参照。にんにくごと使う）…… 小さじ1
  │ 生パン粉 …… 5g
  │ 溶き卵 …… 1/4個分
  └ 塩 …… 小さじ1/2
揚げ油 …… 適量
こしょう …… 少々
レモン …… 1/4個

1 フライパンにオリーブオイルと**A**を入れて弱火にかけ、全体がしんなりして少し色づくまで炒め、粗熱を取る。

2 ボウルに牛ひき肉、**B**、**1**を入れ、粘りが出るまでよく練る。ラップをかけて冷蔵室に約30分おく。

3 揚げ油を中温（170℃）に熱する。**2**を取り出してゴルフボール大に丸め（1個約50gが目安）、揚げ油に入れる。菜箸で転がしながら全体がきつね色になるまで約5分じっくりと揚げ、取り出して油をきる。器に盛り、こしょうをふり、レモンを添える。

ボリート サルサヴェルデ

煮汁は沸騰させない。

低温でじっくり、ひたすらオーブンで火入れすることで生まれる、
えもいわれぬ旨さが、ボリートの醍醐味。
ピエモンテを代表する郷土料理で、牛ほほ肉以外にもほかの部位や、鶏肉などを一緒に煮る
〝ボリート・ミスト〟が本場の味ですが、家庭では1種類の肉でも十分ごちそうです。
野菜は皮ごと煮込むことで、旨味が増します。

材料（4人分）
牛ほほ肉 …… 1kg（500g×2切れ）
塩 …… 適量
にんじん …… 1本
玉ねぎ …… 大1個（300g）
セロリ …… 大1本（20㎝）

煮汁
├ ブロード（P.142参照）…… 500㎖
├ 塩 …… 大さじ1 2/3（25g）
└ 水 …… 1.5ℓ
サルサヴェルデ（下記参照）…… 適量

1 牛肉全体に塩少々をふる。にんじん、玉ねぎ、セロリ
は皮つきのまま縦半分に切る。

2 オーブンに入れられる鍋に、1の野菜、煮汁の材料を
入れ、強めの中火にかける。沸いてきたら牛肉を加え、
沸騰する直前まで煮て、火を止める（アクは除かなく
てよい）。

3 オーブンを150℃に予熱する。2の鍋にオーブンペー
パーをかぶせてその上からふたをし、オーブンで約3
時間加熱する（通しで加熱できない場合は、60分×3
回に分けて加熱してもよい）。

4 鍋から牛肉を取り出し、食べやすく切って器に盛り、
サルサヴェルデを添える。

・冷ましてから保存容器に汁
ごと入れ、冷蔵で約1週間
保存可。
・4のゆで汁はパスタ イン
ブロード（P.134）に使う
とよい。

サルサヴェルデ

材料（作りやすい分量）
イタリアンパセリ …… 3束
アンチョビフィレ …… 2枚（8g）
生パン粉 …… 50g
甘酢（P.143参照）…… 大さじ2
にんにくオイル（P.143参照。オ
イルのみ使う）…… 小さじ1
オリーブオイル …… 大さじ3 1/3
塩 …… ひとつまみ

作り方
すべての材料をフードプロセッサ
ーに入れ、なめらかになるまで攪
拌する。
・保存容器に入れ、冷蔵で約2週間保存可。

牛フィレ バルサミコソテー

強気の火入れで表面をカリッと。

初めに強火で牛肉の表面をこんがり焼いて、そのあとじっくりソースの旨味をしみ込ませます。
しっとりつやのあるソースに反して、口に入れたときの表面のカリッとした食感や、
肉の内側のやわらかさなど、そのコントラストがいいんです。

材料（2人分）
牛ヒレステーキ用肉 …… 400g（2cm厚さのもの×2枚）
塩 …… 4g（肉の重量の1％）
オリーブオイル …… 小さじ2
バター …… 30g
A ［ バルサミコ酢 …… 大さじ2
　　 赤ワインビネガー …… 大さじ1
ピンクペッパー …… 20粒

1 牛肉は冷蔵室から取り出して室温に戻し、両面に塩をふる。

2 フライパンにオリーブオイルを入れて強めの中火にかけ、**1**を入れて両面をこんがりと焼く。弱火にしてバターを加えて溶かし、肉に絡めながら、ふつふつとするまで煮詰める。

3 **A**を混ぜて**2**にそっと加え（はねるのでやけどに注意する）、汁にとろみがついたら火を止める。牛肉を器に盛って煮汁をかけ、ピンクペッパーを手で軽く潰してふる。

豚スペアリブの煮込み

多めに作るのがおいしさの鍵。

シンプルな材料だけで、肉から出る旨味を閉じ込めたおいしさなので、
ある程度の量を作らないと旨味が出ない。なので、いっぱい作ってください。
塩の分量は、おおよそ肉の1%と覚えたらいいです。
ほかの肉料理にも当てはまるのですが、だいたい1%の塩で、おいしくなります。

材料（作りやすい分量）
豚スペアリブ …… 1kg
玉ねぎ …… 大2個（600g）
ブーケガルニ
│ セージ（生）…… 3枝
│ ローズマリー（生）…… 5枝
│ タイム（生）…… 7〜8枝
塩 …… 10g（肉の重量の1%）
小麦粉 …… 適量
オリーブオイル …… 適量
煮汁
│ ブロード（P.142参照）…… 600㎖
│ 白ワイン …… 100㎖

1 玉ねぎは縦半分に切って、縦5㎜幅に切る。ブーケガ
ルニの材料をたこ糸で縛る。

2 スペアリブにまんべんなく塩をふり、小麦粉を全体に
まぶして余分な粉は落とす。フライパンにオリーブオ
イル大さじ3を入れて強火で熱し、スペアリブの表面
がカリッとするまで焼く。

3 オーブンを150℃に予熱する。オーブンに入れられる
鍋にオリーブオイル大さじ2を入れて弱火にかけ、玉
ねぎを炒める。玉ねぎが透き通ったらブーケガルニを
加える。2、煮汁の材料を入れてひと煮立ちしたら火を
止め、ふたをしてオーブンに入れ、約1時間加熱する。

4 鍋のふたをはずし、さらにオーブンで約1時間加熱し、
オーブンから取り出す。スペアリブとブーケガルニを
バットに取り出し、鍋を弱火にかけ、煮汁を煮詰める。
とろみがつき、つやが出たらスペアリブを戻し入れて
温め直し、器に盛る。

パスタ

オルランドでは、パスタを締めの料理にしています。
なので、味わいも重すぎず、具材も極力少なく。
そんなシンプルなパスタだからこそ、
僕の中では、いくつかの決めごとがあります。

- パスタのゆで塩は水分量の1%
  →ゆで塩だけで味を決めるパスタもあるので、大事です。
- あとから塩を足さない
  →ソースやゆで汁、チーズの分量で味を決める。時々例外もあり。
- パスタは袋の表示時間のプラス1分のゆで時間
  →粉のしっかりしたパスタを使えば伸びにくいし、
  僕のパスタは仕上げにじっくり火を入れるものがほぼないので。
  ペンネなどのショートパスタは、さらに長くゆでます。
- パスタに使うチーズは削りたて
  →味と香りを決める重要な調味料なので、できるだけ直前に削ってほしい。
  削りおいたものでは、芳醇な香りは出せません。

締めパスタで、
幸せな"お腹いっぱい"を味わってください。

＊レシピは1人分ですが、2人分にする場合は材料を倍量にして下さい。

マッケロンチーニ ポモドーロ

冷たいオイルに にんにくを入れて火にかける。

あくまでトマトソースを味わってほしいパスタなので、
にんにくはオイルに香りが移ったらそれで OK。
だから、じっくり香りを引き出すためにも、オイルが冷たい状態から火にかける。
そしてトマトソースは濃度が肝心なので、少し水っぽいと感じたら
仕上げにパルミジャーノチーズ少々を足してください。

材料（1人分）
パスタ（極細マッケロンチーニ0.7mm、または好みのパスタ）…… 90g
トマトソース（P.140参照）…… 120g
にんにく …… 1かけ
オリーブオイル …… 大さじ1
バジルの葉 …… 2枚
塩 …… 適量

1 鍋に2ℓの湯を中火で沸かし、塩大さじ1強を加える。パスタを入れ、袋の表示時間より1分長めにゆで始める。

2 にんにくは縦半分に切って芽を除く。フライパンにオリーブオイル、にんにくを入れて弱火にかけ、にんにくに火が通ったらトマトソース、塩小さじ1/2を加えて混ぜる。バジルをちぎって加え、とろみが出るまで煮詰める。味を見て、足りなければ塩少々（分量外）でととのえる。

3 パスタがゆで上がる1分前に、2のにんにくを取り出す。パスタがゆで上がったら湯をきって2のフライパンに加え、フライパンをあおって水けを飛ばしながら全体にソースを絡める。

トマトクリームパスタ

チーズで味を決める。

火を止めてから加える仕上げのチーズの旨味が、味の決め手になります。
赤玉ねぎのレアっぽさ（火が入りすぎていない食感）がいいアクセントになるので、
透明になるまで炒めないこと。
僕が初めてイタリアに行ったとき、海辺のリストランテで食べた思い出の味なんです。

材料（1人分）
パスタ（パッパルデッレ10㎜、または好みの幅広麺やショートパスタ）…… 85g
塩 …… 大さじ1強（水の重量の1％）
オリーブオイル …… 大さじ2
赤玉ねぎの粗みじん切り …… 大さじ1$\frac{1}{2}$分
A ┌ トマトソース（P.140参照）…… 90g
　├ 生クリーム …… 大さじ1$\frac{1}{3}$
　└ 塩 …… ふたつまみ
パルミジャーノチーズ …… 10g

1　鍋に2ℓの湯を中火で沸かし、塩を加える。パスタを入
　　れ、袋の表示時間より1分長めにゆで始める。

2　フライパンにオリーブオイルと赤玉ねぎを入れて弱火に
　　かけ、赤玉ねぎがまだ少し硬いうちにAを加えて、つや
　　が出るまで煮詰める。

3　パルミジャーノチーズをチーズおろし器ですりおろす。

4　パスタがゆで上がったら湯をきって2のフライパンに加
　　え、全体にソースを絡めて火を止める。パルミジャーノ
　　チーズを加えて絡める。

パスタ ビアンカ

カチョエペペ

ゆで汁で調味する。

ゆで汁とチーズの味だけという究極のシンプルなパスタ。
なので、すべてのタイミングが大事です。僕も、作るときにいつも緊張するほど。
パスタ自体の持つ粉の旨味を味わってほしいので、しっかり中までゆで切りたいですが、
でも、ゆだりすぎもNG。そこで、硬水がいい働きをしてくれるんです。
カチョエペペと対極で、このパスタはチーズの塩味を立たせたくない。
必ず、丸みのある味わいの長期熟成のパルミジャーノチーズを使ってください。

材料（1人分）
パスタ（スパゲッティ1.5㎜）…… 90～100g
ゆで汁
  粗塩 …… 20g（水の重量の1％）
  水 …… 2ℓ（普通の水1.7ℓに硬水300㎖を混ぜる。下記参照）
パルミジャーノチーズ（36～60カ月の長期熟成のもの）…… 20g
極上オリーブオイル …… 大さじ1 1/3

1 鍋にゆで汁の材料を入れ、中火にかける。沸騰したらパ
  スタを入れ、袋の表示時間より1分長めにゆで始める。
2 パルミジャーノチーズをチーズおろし器でおろす（お
  ろし器はできるだけ目の細かいものを使い、ふわっと
  した香りを出すとよい）。
3 パスタがゆで上がったら湯をきってボウルに入れ、極
  上オリーブオイルを加えて全体に絡める。2のチーズ
  を加えてよく混ぜ合わせる。

＊硬水を加えるのは、パスタの
ゆですぎを防ぎ、プリッと仕
上げるため。オルランドでは
コントレックスを使っている
が、硬度が低いヴィッテルや
エヴィアンなどの場合は、全
量（2ℓ）使うとよい。

2種のチーズが味の決め手。

このパスタも、チーズが味の決め手。旨味と塩分をしっかり出したいので、
チーズを削るときのグレーターはやや目の粗いものを使ってください。
特にパルミジャーノチーズはパワフルな味がほしいので、
熟成期間の短い、塩分の立っているくらいのものでちょうどいいです。

材料（1人分）
パスタ（ブカティーニ2.7㎜、またはトンナレッリなど太めのパスタ）…… 100g
塩 …… 大さじ1強（水の重量の1％）
パルミジャーノチーズ（12〜24カ月の短期熟成のもの）…… 15g
ペコリーノチーズ …… 15g
バター …… 5g
にんにくオイル（P.143参照。オイルのみ使う）…… 大さじ1
こしょう …… 適量

1 鍋に2ℓの湯を中火で沸かし、塩を加える。パスタを入れ、袋の表示時間より1分長めにゆで始める。

2 パルミジャーノチーズとペコリーノチーズをチーズおろし器ですりおろし、混ぜ合わせる（おろし器はやや目の粗いものを使い、チーズの存在感を出すとよい）。ボウルにバター、にんにくオイル、パスタのゆで汁大さじ1を入れる。

3 パスタがゆで上がったら湯をきって**2**のボウルに入れ、よく絡める。**2**のチーズを2/3量を加え、よくあえる。

4 器に盛り、残りのチーズをふり、こしょうをたっぷりふる（ペッパーミルで10回挽くくらいが目安）。

くたくたブロッコリーのスパゲッティ

オイリーにせず、野菜の旨味と水分を吸わせる。

ブロッコリーの旨味を存分に味わってほしいから、
オイルは使っても、オイルソースにはしたくない。なので、水分は多めに。
そして、なじんだ塩味でやさしい味にまとめたいので、
塩分はゆで汁の塩とアンチョビだけで決めたい。あとから塩を足さないのが理想です。
使うパスタは歯切れのいい、やや細めがおすすめです。
どろっとしたソースになるので、太麺では重たくなります。

材料（1人分）

パスタ（スパゲッティーニ1.6mm、または好みのパスタ）…… 100g
ブロッコリー …… 1/2個（100g、茎は含まない）
アンチョビフィレ …… 2枚（8g）
にんにく …… 2かけ
塩 …… 大さじ1強（水の重量の1％）
オリーブオイル …… 大さじ2

1 ブロッコリーは小さめの小房に分ける。

2 フライパンにオリーブオイルとにんにくを入れ、弱火にかける。にんにくが薄く色づいてきたらアンチョビ、ブロッコリー、パスタのゆで汁90mlを加える。約1分煮て、水適量（ブロッコリーが少し出るくらいが目安）を加え、強火にする。

3 鍋に2ℓの湯を中火で沸かし、塩を加える。パスタを入れ、袋の表示時間より1分長めにゆで始める。

4 2のブロッコリーがやわらかくなったら、木べらでにんにくとともに潰し、汁けがなくなってきたら火を弱める（煮詰めすぎないように注意する）。

5 パスタがゆで上がったら湯をきって4に加えて強火にし、パスタに汁けを吸わせるようにフライパンをあおり、よく絡める。

3

からすみパン粉のパスタ

パン粉に旨味を吸わせる。

材料を見てもらうと気づくかもしれませんが、
ほかのパスタより水分（主にあさりのブロードの分）が多めのレシピです。
その理由は、おいしいだしをパン粉に吸わせるため。
なので、仕上げ前は、水分を少し多めに残しておいて、パン粉に吸わせる。
これがパスタに密着して、すごくおいしいソース代わりとなってくれます。

材料（1人分）
パスタ（スパゲッティーニ1.6㎜、または好みのパスタ）…… 100g
からすみパウダー（P.9参照）…… 大さじ1
モッリーカ（P.143参照）…… 小さじ4
塩 …… 大さじ1強（水の重量の1％）
オリーブオイル …… 大さじ3
にんにく …… 2かけ
あさりのブロード（P.75参照）…… 100㎖

1 鍋に2ℓの湯を中火で沸かし、塩を加える。パスタを
入れ、袋の表示時間より1分長めにゆで始める。

2 フライパンにオリーブオイルとにんにくを入れ、弱火
にかける。にんにくが薄く色づいてきたら、あさりの
ブロードを加えて（はねるのでやけどに注意する）、
中火にする。煮立ったらにんにくを取り出す。

3 パスタがゆで上がったら湯をきって2に加え、フライ
パンをあおって全体を絡めて火を止める（少し水分を
残しておく）。からすみパウダー、モッリーカ小さじ
2を加えて全体をよく混ぜ、器に盛る。仕上げに残り
のモッリーカをふり、からすみパウダー少々（分量
外）をふる。

ペンネ バター

バターのおいしさを際立たせる。

主役はバターです。バターがソース代わり。

ゆで汁でパスタ自体の味を決めたいので、塩は旨味の強い粗塩を使います。

ポイントは、筋なしのペンネを使うこと。

筋ありのものを使うと、バターが絡みすぎて重く感じるから。

おいしいバターを味わってほしいけれど、重たく感じてほしくはないんです。

材料（1人分）

パスタ（ペンネ、筋なしのもの）…… 100g

発酵バター …… 30g

ゆで汁

| 粗塩 …… 20g（水の重量の1％）

| 水 …… 2ℓ

1 鍋にゆで汁の材料を入れ、中火にかける。沸騰したらパスタを入れ、袋の表示時間より2〜3分長めにゆで始める。

2 パスタがゆで上がる少し前に発酵バターを冷蔵室から取り出し、3〜4mm厚さに切る。

3 パスタがゆで上がったら湯をきって器に盛り、**2**をのせ、溶かして絡めながら食べる。好みでパルミジャーノチーズのすりおろしをふる。

なんといっても卵の固まり具合が肝。

最後の仕上げは加熱しながら。でも卵は固まっちゃダメ。
卵がフライパンのふちに付いたら、それはもう炒り卵。
フライパンに付かないぎりぎりのところで火を止めて、
マヨネーズのような濃度に仕上げるのが理想です。

材料（1人分）
パスタ（スパゲッティ1.8mm、または好みのパスタ）…… 100g
グアンチャーレ（下記参照）…… 60g
卵 …… M玉1個
卵黄 …… M玉1個分
塩 …… 大さじ1強（水の重量の1%）
オリーブオイル …… 小さじ1
白ワイン …… 少々
パルミジャーノチーズ …… 17g
ペコリーノチーズ …… 17g
粗挽きこしょう …… 少々

1 パルミジャーノチーズとペコリーノチーズはチーズおろし器（目の粗いものだとよい）ですりおろし、ボウルに入れる。全卵、卵黄を加えて、小さ目の泡立て器でしっかり混ぜ合わせる（泡立てないように注意する）。

2 鍋に2ℓの湯を中火で沸かし、塩を加える。パスタを入れ、袋の表示時間より1分長めにゆで始める。

3 グアンチャーレは1cm幅の棒状に切る。フライパンにオリーブオイルとグアンチャーレを入れて弱火にかけ、グアンチャーレから脂を出しながらじっくり炒める。薄く焦げ目がついたら火を止め、白ワイン、パスタのゆで汁小さじ2を加えて混ぜる。

4 パスタがゆで上がったら湯をきって3のフライパンに加え、全体に脂を絡める。1を加えてさらに全体をよく混ぜ、再び弱火にかけて、さらによく混ぜ合わせる。卵液が固まり始めたら火を止め、器に盛り、粗挽きこしょうをふる。

＊グアンチャーレとは、豚ほほ肉を香辛料や調味料とともに塩漬けにしたもの。似た食材にパンチェッタがあるが、そちらは豚バラ肉のブロックを香辛料や調味料とともに塩漬けしたもので、パンチェッタのほうが脂身が少ない。グアンチャーレは脂身の甘みと濃厚なコクが特徴で、カルボナーラの卵の風味をぐんと引き上げる。

スパゲッティ コラトゥーラ

パスタはボイルオーバー気味にする。

僕のパスタの決まりごとに、パスタは表示時間よりも1分長めにゆでる、がありますが、
これはさらにその上をいって、プラス1〜2分長めにゆでる。
理由は、絡めるソースの温度が冷たいから。あえたとき、パスタがきゅっと締まります。
そして赤とうがらしの種は抜きません。
フォークにそのまま刺して、じんわり辛みをソースに移します。
ゆで汁の塩分量が少な目なのは、コラトゥーラの塩みを考慮したバランスだからです。

材料（1人分）
パスタ（スパゲッティーニ1.6㎜、または好みのパスタ）…… 100g
ゆで汁
┌ 塩 …… 10g（水の重量の0.5％）
└ 水 …… 2ℓ
A ┌ 極上オリーブオイル …… 大さじ1$\frac{1}{3}$
│ にんにくオイル（P.143参照。にんにくごと使う）…… 小さじ2
│ コラトゥーラ（P.9参照）…… 小さじ1$\frac{1}{2}$
│ レモンの皮のすりおろし …… $\frac{1}{3}$個分
│ イタリアンパセリの葉の粗みじん切り …… $\frac{1}{2}$枝分
└ 生の赤とうがらし（または青とうがらし）…… 1本

1 鍋にゆで汁の材料を入れ、中火にかける。沸騰したら
パスタを入れ、袋の表示時間より2〜3分長めにゆで
始める。

2 ボウルにAの材料を入れ、とうがらしにフォークを刺
しながら全体をよく混ぜる。

3 パスタがゆで上がったら湯をきって**2**のボウルに加え、
よく絡める。

ボンゴレ ロザート

にんにくとミニトマトの旨味を引き出す。

ソースの具材のにんにくとミニトマトは、しっかりじっくり煮て、旨味を引き出すのがポイント。
あさりは、すぐにだしが出るので、むしろ早めに引き上げて、仕上げに戻します。
いいだしが出るからとあさりを入れっぱなしにすると、
食べるときには身がスカスカになっちゃいます。

材料（1人分）
パスタ（スパゲッティ1.8mm、または好みのパスタ）…… 95g
あさり …… 250g
ミニトマト …… 10個
塩 …… 大さじ1強（水の重量の1％）
オリーブオイル …… 大さじ3
にんにく …… 2かけ
白ワイン …… 大さじ1

下準備
あさりは3％の塩水に入れ、冷暗所に約1時間おいて砂
抜きし、流水でよく洗う。

1 鍋に2ℓの湯を中火で沸かし、塩を加える。パスタを
　入れ、袋の表示時間より1分長めにゆで始める。
2 フライパンにオリーブオイルとにんにくを入れ、弱火
　にかける。にんにくが薄く色づいてきたらあさりを加
　えて強火にし、白ワイン、水適量（あさりの殻が少し
　出るくらいが目安）、ミニトマトを加えてふたをする。
3 あさりの口が開いたらふたを取り、あさりを殻ごとい
　ったん取り出す。煮汁は少しとろみがつくまで煮詰め
　る（煮詰めすぎないこと）。
4 パスタがゆで上がったら湯をきって3に加え、フライ
　パンをあおって全体を絡める。あさりを戻し入れて、
　さらにフライパンをあおり、全体をよく混ぜる。

ラグービアンコのパスタ

粗みじん切りのにんじんがアクセント。

ラグーは煮込むという意味で、ソースの意味合いもあります。
主に肉や野菜を刻んで煮込んだものですが、僕のラグービアンコは、
にんじんだけ粗みじん切りにして、少し食感を残す。
これ自体がやさしい味わいなので、このにんじんのアクセントが地味に効くんです。
そしてビアンコは白という意味なので、このレシピのように鶏肉のほか、
豚肉や仔牛などの白っぽいひき肉で作ってもおいしいです。

材料（1人分）

パスタ（スパゲッティーニ1.6mm、または好みのパスタ）
　…… 100g
ラグービアンコ（下記参照）…… 160g
塩 …… 大さじ1強（水の重量の1％）
バター …… 5g
パルミジャーノチーズのすりおろし …… 大さじ1弱
粗挽きこしょう …… 少々

1 鍋に2ℓの湯を中火で沸かし、塩を加える。パスタを入れ、袋の表示時間より1分長めにゆで始める。

2 フライパンにバターとラグービアンコを入れ、水少々を加えて強めの中火にかける。

3 パスタがゆで上がったら湯をきって**2**に加え、全体にソースを絡めて火を止める。パルミジャーノチーズを加え、さっと絡めて器に盛り、粗挽きこしょうをふる。

ラグービアンコ

材料（作りやすい分量）
鶏ももひき肉 …… 1kg
塩 …… 10g（肉の重量の1％）
ブーケガルニ
　セージ（生）…… 3枝
　ローズマリー（生）…… 5枝
　タイム（生）…… 5〜6枝

オリーブオイル …… 大さじ1
A　玉ねぎのみじん切り …… 1/2個分
　　セロリのみじん切り …… 1/2本分
　　にんじんの粗みじん切り …… 1/2本分
白ワイン …… 180mℓ
ブロード（P.142参照）…… 400mℓ

1 ひき肉に塩をふって軽く混ぜる。ブーケガルニの材料をたこ糸で縛る。

2 オーブンを150℃に予熱する。オーブンに入れられる鍋にオリーブオイルと**A**を入れ、弱めの中火にかける。少し色づくまで炒めたら**1**のひき肉を加えて中火にし、ほぐすように炒める。8割がた肉に火が通ったら白ワインを加えて混ぜ、ブロード、ブーケガルニも加えてひと煮立ちさせ、火を止める。

3 鍋にふたをして、オーブンで約2時間加熱する（通しで加熱できない場合は60分×2回に分けてもよい）。オーブンから鍋を取り出し、そのままおいて粗熱を取る。ブーケガルニを除いて保存容器に移し、冷蔵室に一晩おく。

・冷蔵で3〜4日間、冷凍で約1カ月間保存可。

パスタ イン ブロード

ブロードはスープではなく〝ソース〞。

このパスタは、あくまでボリート（P.105）の副産物。ボリートの煮汁をブロード（だし）にします。
この料理は、ブロードを飲むスープパスタではなく、ブロードがパスタソースの役目なんです。
実際に、スープ感覚で飲むには塩味が強いと感じるはず。
でもこれ、イタリアのコックたちにはごちそうで、
ボリートを仕込んだ日はこれが食べられる！　と待ち遠しい味なんです。

材料（1人分）
パスタ（フェデリーニ、または好みの細めのロングパスタ）…… 20g
ボリートの煮汁（P.105参照）…… 270㎖
極上オリーブオイル …… 少々

1 小鍋にボリートの煮汁を入れて中火にかける。沸いた
ら、パスタを1㎝長さくらいに手でパキパキ折りながら
加え、3〜4分やわらかくなるまで煮る。

2 汁ごと器に盛り、仕上げに極上オリーブオイルをひとた
らしする。好みでパルミジャーノチーズのすりおろしを
ふる。

ドルチェ

イタリア人にとってドルチェ（デザート）は、欠かせないもの。
オルランドも数は少しですが、シンプルなドルチェを毎日用意しています。
それらはどれも飾り気なく、素っ気ないほどですが、
イタリア好きには〝あぁ、これこれ〟という味わいなんです。

レモンのスグロッピーノ

メロンとサンブーカのスープ

ザバイオーネ

リコッタチーズ マルメラータ

レモンのスグロッピーノ

スグロッピーノは、ヴェネト州に古くから伝わる食後の口直しで、ジェラートとカクテルの中間のような口当たり。アルコールもそれなりにしっかり効かせた、ひんやり冷たい大人のドルチェ。リモンチェッロやウォッカと合わせたり、よりカクテルのように楽しむならプロセッコ（スパークリングワイン）を加えたりすることも。

材料（3〜4人分）
板ゼラチン …… 2g
A ┌ 100％レモン果汁
　　　（またはレモンの搾り汁）…… 125㎖
　　└ グラニュー糖 …… 125g
牛乳 …… 125㎖
リモンチェッロ（下記参照。またはウォッカ）
　　…… 20㎖

1 板ゼラチンはたっぷりの冷水に約3分ひたし、やわらかくする。ひたした水は捨てる。

2 ホウロウの鍋に**A**、水125㎖を入れ、中火にかける。ひと煮立ちしたら火を止め、**1**を加えてしっかり溶かす。

3 ボウルに移し、氷水にあてて冷ます。牛乳、リモンチェッロを加えてゴムべらで混ぜ、保存容器に入れて、冷凍室で約3時間凍らせる。

4 いったん取り出して、フォークなどで空気を含ませるように混ぜ、冷凍室に戻す。これをシャーベット状になるまで2時間ごとにくり返す。食べるときは冷凍室でしっかり冷やした器に盛る。

・冷凍で約2週間保存可。

＊リモンチェッロは、レモンの皮をウォッカ、シロップとともに漬け込んだリキュール。市販品もあるが、イタリアでは家庭で漬け込む定番のリキュールで、日本における梅酒のような存在。

ザバイオーネ

クリームをそのままいただくドルチェ。カスタードクリームに似ているが、薄力粉は入らないのでもっと軽い。卵は火が入り始めるとすぐに固まってしまうので、ボウルが直接鍋底につかないように注意すること。

材料（2〜3人分）
卵黄 …… 4個
マルサラ酒（P.9参照）…… 50㎖
グラニュー糖 …… 40g
サヴォイアルディ
　　（市販のフィンガービスケット。下記参照）
　　…… 適量

下準備
深さのあるフライパンの中にふきんを敷き、2cm高さまで水を注ぐ。弱火にかけ、ふつふつと沸騰させる。

1 ステンレスのボウルに卵黄、マルサラ酒、グラニュー糖を入れ、泡立て器で全体がなじむようによく混ぜる。

2 下準備したフライパンに**1**のボウルを入れて、底が鍋につかないようにして湯せんにかけ、泡立て器でさらに混ぜる（ボウルのふちが熱くなるので鍋つかみなどでつかんで行なう）。全体が白っぽくもったりとしたら湯せんからはずし、温かいうちに器に盛り、サヴォイアルディを添える。

＊サヴォイアルディは、イタリアのフィンガービスケット。カルディや成城石井など輸入食材取扱店などで買える。口当たりの軽い食感で、ティラミスに使われるクッキーとしても知られる。

メロンとサンブーカのスープ

もともとは、メロンにサンブーカをかけるだけという、極めてシンプルな提案から生まれたドルチェ。「サンブーカは糖度と粘度が高いので、攪拌すると少しもったりと凝固するようなテクスチャーになる」と、このスープが誕生した。メロン自体もすでに甘いが、そこへサンブーカが加わることで、輪郭のはっきりした味わいに変化する。しっかり冷やすのもおいしさのポイント。

材料（1〜2人分）
メロン …… $\frac{1}{2}$ 個（約140g）
サンブーカ（下記参照）…… 大さじ $\frac{1}{2}$ 強

作り方
メロンは一口大に切って、ミキサーに入れ、なめらかになるまで攪拌する。サンブーカを加えて混ぜ、冷蔵室で冷たくなるまでしっかり冷やす。

＊サンブーカは、アニスシード（または八角）を主原料とし、さまざまなハーブ類とともに漬け込んだイタリアのリキュール。アルコール度数は40度前後と強いが、何よりその甘さが特徴で、お菓子作りに使われたり、エスプレッソに加えて楽しんだりもする。

リコッタチーズ マルメラータ

マルメラータはイタリアでいうところのジャム。フルーツを使った甘いものから、玉ねぎのソテーをバルサミコ酢で煮たような、料理に添えるソース感覚のものも、これに当たる。レシピに記載した例以外で、パイナップル、キウイ、いちご、いちじくなどで作ってもOK。いずれもフルーツの可食部の重さに対して30％の糖分で加熱すればよい。あまり煮詰めてどろっとさせず、軽い口当たりのさらっとしたマルメラータがオルランド流。

材料（2〜3人分）
リコッタチーズ …… 250g
粉糖 …… 20g
マルメラータ（下記参照）…… 適量

作り方
ボウルにリコッタチーズと粉糖を入れ、ゴムべらでよく混ぜ合わせる。器に盛り、マルメラータをかける。

マルメラータ

材料（作りやすい分量）
季節のフルーツ
　（ブルーベリーなどのベリー系、ルバーブ、オレンジなどの柑橘）…… 正味300g
グラニュー糖 …… 90g（フルーツの質量の30％）

1 フルーツは皮や薄皮、大きな種があるものは除き、一口大に切る。バットに広げて入れ、グラニュー糖をかけて約10分おいてなじませる。
2 厚手のホウロウ鍋に **1** を水分ごと入れ、強めの中火にかける。軽くとろみがつくまで煮詰め、火を止める。粗熱を取り、保存瓶に入れる。
・冷蔵で約1カ月間保存可。

オルランドの素

オルランドの料理の要とも言える "素"。

シンプルな料理だからこそ、この素が軸となるし、大事です。

けれど、これも作る季節の食材によって、味は変わります。

トマトの甘い時期、根菜の味わいが濃い時期など、さまざまなその時々の味を知って、

材料を足したり引いたりしてください。

トマトソース

トマト缶の味で、
香味野菜を調整する。

トマトは、季節でかなり旨味や水分が違います。
トマト缶も、実は季節によって全然違うんです。
旨味が足りなければパッサータを足したり、
パッサータがなければ
玉ねぎを減らして濃度を上げたりします。
トマトソースはイタリア人にとって自分の家の味。
日本人にとっての味噌汁みたいなものなので、
自分の味を見つけてください。

材料（作りやすい分量・400mlの保存瓶約4個分）
ホールトマト缶 …… 3缶（1200g）
にんにく …… 1/2かけ
セロリ …… 大1本（100g、20cm）
にんじん …… 1/2本
赤玉ねぎ …… 1/4個
玉ねぎ …… 大1/4個（80g）
オリーブオイル …… 大さじ3
あればパッサータ（P.9参照）…… 1瓶（500g）
ミニトマト …… 20個
塩 …… 小さじ1 1/2

1 にんにくは薄切りに、セロリ、にんじん、赤玉ねぎ、玉ねぎはそれぞれ
　一口大に切る。

2 深さのある鍋にオリーブオイルを入れて弱火にかけ、1を入れてにんじ
　んがやわらかくなるまで炒める。トマト缶を缶汁ごとと、パッサータ、
　ミニトマト、塩を加えて20〜25分煮る。途中ふつふつとしてきたら、
　さらに火を弱める。

3 トマト缶とミニトマトが煮崩れてソース状になったら火を止める。熱い
　うちに目の粗いざるで漉し、保存容器に入れる。粗熱を取ってふたをし、
　冷蔵室に約2日おいて味をなじませる。

・保存瓶に移して密閉し、冷蔵で2〜3カ月間保存可。開封後は約1週間で使いきる。

ブロード

野菜は皮つきのまま。

ブロードは、イタリア料理でいうだしのこと。
僕のブロードはめちゃくちゃシンプルなので、素材の旨味を引き出すためにも、
できるだけたくさんの量で作るほうがおいしいんです。
もし大鍋を持っていたら、ぜひこのレシピの倍量で作ってみてください。

材料（作りやすい分量・約2.5ℓ分）
鶏ガラ ⋯⋯ 1.5kg
セロリ ⋯⋯ 1/2本
にんじん ⋯⋯ 縦1/2本
玉ねぎ ⋯⋯ 大1/4個（80g）

1 鶏ガラは血合いなどの汚れを流水で洗う。

2 1の鶏ガラを鍋に入れ、水3.5ℓを注ぎ、強火にかける。沸いたらアクを除いて中火にし、野菜を皮つきのまま切らずに加えて（倍量で作る場合は、にんじんのみ縦半分に切る）、約2時間煮る。

3 火を止め、目の細かいざるやこし器で漉し、粗熱を取る。

・倍量で作る場合は、3〜4時間煮る。
・保存用袋に入れ、冷凍で約1ヵ月間保存可。

甘酢

あると
意外と便利。

マリネにも、ちょっとした旨味を
プラスするときも使えます。
作りおきすれば、必要なときにす
ぐ使えるし、長期保存も可能です。

材料（作りやすい分量）
白ワインビネガー …… 500㎖
砂糖 …… 100g
（ビネガーの重量の20％）

材料をすべてボウルに入れ、泡立
て器でよく混ぜ合わせる。

・保存瓶に入れ、冷蔵で約1カ月間保
　存可。

にんにくオイル

にんにくは
包丁で切る。

フードプロセッサーよりも、包丁
で切るほうが香りが出ます。
使うときは、オイルだけで香りづ
けしたり、実ごと加えて旨味を足
したりと使い分けてください。

材料（作りやすい分量）
にんにく …… 4かけ
オリーブオイル …… 大さじ5

にんにくは縦半分に切って芽を除
き、みじん切りにする。保存容器
に入れてオリーブオイルを注ぐ。

・保存容器に入れ、冷蔵で約4〜5日
　間保存可。冷やすとオイルが固まる
　が、使うときに室温に戻せばOK。
・にんにくはスペイン産などまろやか
　な味のものがおすすめ。国産は旨味
　が強すぎることも。

モッリーカ

パン粉が
主役になる。

日にちがたって硬くなったパンの
再利用のひとつで、〝貧乏人のチー
ズ〟の呼び名も。これをかけると、
旨味がぐんと増します。

材料（作りやすい分量）
パン粉 …… 50g
にんにくオイル
　（左記参照。にんにくごと使う）
　　…… 小さじ3
塩 …… 小さじ1/2

1 ボウルに目の粗いざるを重ね、
　　パン粉を入れてへらで押し、細
　　かくする。
2 フライパンを弱火で温め、**1**、に
　　んにくオイル、塩を入れる。焦
　　げないように木べらでまんべん
　　なく混ぜながら、薄く色づくま
　　でじっくり炒る。

・保存容器に入れ、冷蔵で約3日間保
　存可。

小串貴昌（おぐしたかまさ）

1977年神奈川県生まれ。料理専門学校卒業後、イタリアに渡り、現地の料理を学ぶ。帰国後、白金「ピオラ」、広尾「アッカ」などの有名店を経て、2014年に「オルランド」を東京・神泉にオープン。連日食通の人が訪れる人気店に。
https://www.orlando.tokyo/

おいしいの秘密
オルランドの家で作れるイタリア料理

2021年12月17日　初版発行

著者／小串 貴昌

発行者／青柳 昌行

発行／株式会社KADOKAWA
　　　〒102-8177　東京都千代田区富士見2-13-3
　　　電話0570-002-301（ナビダイヤル）

印刷所／凸版印刷株式会社

●お問い合わせ
https://www.kadokawa.co.jp/（「お問い合わせ」へお進みください）
※内容によっては、お答えできない場合があります。
※サポートは日本国内のみとさせていただきます。
※Japanese text only
定価はカバーに表示してあります。

©Takamasa Ogushi 2021 Printed in Japan
ISBN 978-4-04-605497-5 C0077